Identidad

Zygmunt Bauman

Identidad

PAIDÓS

Título original: *Identity*, de Zygmunt Bauman
Esta edición ha sido publicada por acuerdo con Polity Press Ltd., Cambridge

1.ª edición, febrero de 2026

Paidós es un sello editorial de Editorial Planeta, S. A.
Avda. Diagonal, 662-664
08034 Barcelona, España
www.paidos.com
www.planetadelibros.com

ISBN: 978-84-493-4486-2
Composición: Realización Planeta
Depósito legal: B. 64-2026
Impresión y encuadernación: Huertas Industrias Gráficas, S. A.

Impreso en España - *Printed in Spain*

PEFC Certificado
Este libro procede de bosques gestionados de forma sostenible
PEFC
PEFC/14-38-00305
www.pefc.es

Sumario

Introducción

Benedetto Vecchi (2004)

En todos sus escritos, Zygmunt Bauman consigue desmitificar nuestras creencias fundamentales, y este libro de entrevistas sobre la cuestión de la identidad no constituye una excepción. Las entrevistas fueron poco ortodoxas, en el sentido de que se hicieron sin grabadora y de que el entrevistador y el entrevistado no llegaron a verse las caras. El correo electrónico, que fue el medio elegido para mantener nuestro diálogo, impuso un ritmo desacompasado al intercambio de preguntas y respuestas. Sin la premura de tiempo inherente a las conversaciones cara a cara, en nuestro diálogo a distancia hubo muchas pausas para la reflexión, muchas aclaraciones y algunas digresiones para analizar asuntos que no estaban previstos. Cada respuesta de Bauman no hacía sino aumentar mi desconcierto. A medida que sus aportes se iban acumulando, yo me daba cuenta de que me había adentrado en un continente mucho más grande de lo que esperaba, un continente cuyos mapas eran prácticamente inútiles para orientarse. Lo cual no debería sorprender a nadie, pues Bauman no tiene parangón entre los sociólogos o científicos sociales. Sus reflexiones son un proceso continuo, por lo que Bauman no se contenta con definir o «conceptualizar» un hecho, sino que aspira a establecer paralelismos con determinados fenómenos o manifestaciones sociales del *ethos* cultural que parecen muy alejados del objetivo inicial de la investigación, así como a comentar esos fenómenos o manifestaciones. Las páginas que siguen bastarán para demostrar la naturaleza itinerante de sus reflexiones, que hace imposible determinar sus fuentes intelectuales o su pertenencia a una corriente filosófica.

A Zygmunt Bauman lo han calificado muchas veces de sociólogo ecléctico, y sin duda a él no le habría molestado esa definición. No obstante, la metodología que aplica a cada asunto tiene como objetivo principal *descubrir* las innumerables conexiones existentes entre el objeto de investigación y otras manifestaciones de la vida en la sociedad. De hecho, este sociólogo de origen polaco considera esencial averiguar la «verdad» de cada sentimiento, de cada estilo de vida y de cada comportamiento colectivo. Eso solo es posible analizando cada fenómeno en el contexto social, cultural y político en el que se produce. De ahí el carácter itinerante de sus reflexiones a lo largo de su obra, la cual aborda cuestiones que van desde la crisis del debate público en *En busca de la política* (1999) hasta el papel cambiante de los intelectuales en una sociedad que no busca otra cosa que llamar la atención, como se observa en *Legisladores e intérpretes: sobre la modernidad, la posmodernidad y los intelectuales* (1987). Su pensamiento es, en realidad, al mismo tiempo inquieto y riguroso; fiel al presente, pero sin olvidar en ningún momento su procedencia o, más bien, procedencias.

En esta ocasión, el objeto de estudio era la identidad, una cuestión que es de por sí ambigua y escurridiza. Bauman afrontó el reto y dio un doble salto mortal: releyó la historia de la sociología moderna a la luz de la obsesión y la importancia con que el debate público actual aborda la identidad, y llegó a la conclusión de que es mejor no buscar respuestas tranquilizadoras en los «textos canónicos» del pensamiento crítico. *Modernidad líquida* (2000) nos traslada a un mundo en el que todo es inasible, en el que la angustia, el dolor y la inseguridad que provoca «vivir en sociedad» exigen un examen paciente y continuo de la realidad y del «lugar» que ocupan en ella los individuos. Cualquier intento de reducir la inconstancia y precariedad de los planes que hacemos para la vida, con el fin de explicar mediante certezas y textos canónicos la desorientación que sentimos, sería tan inútil como intentar vaciar el océano con un cubo.

Estamos ante un intelectual para el que el principio de responsabilidad es inseparable de la participación en la vida pública. Para un sociólogo, eso significa entender la sociología no como una disciplina «separada» de los demás campos del saber, sino como una herramienta de análisis que nos permite establecer una interacción dinámica entre esa ciencia y la filosofía, la psicología social y la literatura. Por eso no debería extrañarnos que, entre los documentos en los que Bauman practica su afición a «cortocircuitar» la cultura de masas y la alta cultura, encontremos artículos de opinión, eslóganes publicitarios y reflexiones de Søren Kierkegaard sobre *Don Giovanni*.

Aunque no le gusta hablar de su propia vida, hay que señalar que Zygmunt Bauman nació en 1925 en el seno de una familia judía polaca. Tras huir a la Unión Soviética al comienzo de la Segunda Guerra Mundial, Bauman se alistó en el Ejército polaco (aliado del Ejército Rojo) y en él luchó contra el nazismo. En su libro *La ambivalencia de la modernidad y otras conversaciones* (2001), Bauman nos cuenta que empezó a estudiar Sociología al regresar a Varsovia, y que sus primeros maestros fueron Stanisław Ossowski y Julian Hochfeld, dos intelectuales poco conocidos fuera de Polonia, pero que ejercieron una influencia fundamental en su formación teórica. Ambos le transmitieron la capacidad de «mirar al mundo a la cara» sin recurrir a ideologías preconcebidas. Si se le pide a Bauman, quien se convirtió en una de las figuras más relevantes de la «escuela de sociología» de Varsovia, que describa las dificultades que hubo de superar durante las décadas de 1950 y 1960, las recuerda sin ningún resentimiento hacia quienes no estaban de acuerdo con sus ideas. De hecho, utiliza su sutil ironía para comparar la dudosa libertad académica de Polonia con el conformismo institucional predominante en Europa y Estados Unidos. Es igualmente discreto a la hora de referirse al papel que desempeñó en el Octubre polaco de 1956, cuando formó parte del influyente movimiento reformista que cuestionó la legitimidad del Partido Obrero Unificado Polaco y condenó el sometimiento del país a la voluntad de Moscú. Aquellos hechos dejaron una profunda huella en Bauman y lo prepararon para enfrentarse a la ideología oficial del marxismo soviético (en ese enfrentamiento, la obra de Antonio Gramsci desempeñó un papel muy importante). Bauman empezó a viajar con frecuencia al extranjero. Se tomó un año sabático en la Escuela de Economía de Londres y asistió a numerosas conferencias en casi todas las grandes universidades europeas. Entonces llegó el año 1968, que supuso un punto de inflexión en su vida. Bauman, que apoyaba al incipiente movimiento estudiantil polaco, vio cómo el Partido Comunista prohibía sus obras cuando se empezó a utilizar el antisemitismo para reprimir a los estudiantes y profesores universitarios que exigían el fin del monopartidismo en nombre de «la libertad, la justicia y la igualdad».

Cuando le impidieron ejercer la docencia, Zygmunt Bauman se trasladó a Inglaterra, donde todavía vive. En casi todos sus libros, y especialmente en *Modernidad y holocausto* (1989), Bauman expresa su enorme gratitud a Janina, su mujer y compañera de fatigas, a la que está muy unido emocional e intelectualmente. Janina es uno de los referentes intelectuales más importantes en las reflexiones de Bauman sobre la *modernidad sólida*, en primer lugar, y luego sobre la *modernidad líquida*.

Su vida intelectual en Inglaterra, donde imparte clases en la Universidad de Leeds, ha sido enormemente productiva. Ya he mencionado algunas de sus obras, pero, tomadas en conjunto, es evidente que, con la publicación de *Ética posmoderna* (1993), Bauman empezó a dar mucha importancia a la globalización, examinándola no solo desde el punto de vista de la economía, sino fijándose ante todo en sus efectos sobre la vida cotidiana. Bauman, el decano de la sociología europea, la tomó como el punto de partida para su exploración del «nuevo mundo» que la interdependencia en el planeta Tierra ha creado. De este periodo son libros como *La globalización: consecuencias humanas* (1998), *Comunidad: en busca de seguridad en un mundo hostil* (2000), *La sociedad individualizada* (2001), *Modernidad líquida* (2000) y *La sociedad sitiada* (2002), que constituyen el gran retablo de Bauman sobre la globalización como cambio radical e irreversible. La percibe como una «gran transformación» que ha influido en las estructuras del Estado, en las condiciones de trabajo, en las relaciones entre países, en la subjetividad colectiva, en la producción artística, en la vida cotidiana y en las relaciones entre el yo y el otro. Este libro de entrevistas sobre la identidad podría considerarse como una pequeña ampliación de ese retablo. Parafraseando una de sus opiniones sobre la identidad, podemos asegurar que la globalización o, más bien, la modernidad líquida, no es un rompecabezas que pueda armarse sobre la base de un modelo preestablecido. En todo caso, debería entenderse como un proceso, al igual que su interpretación y su análisis; al igual que la identidad que se hace valer en la crisis del multiculturalismo, o en el fundamentalismo islámico, o cuando internet facilita la expresión de las identidades prefabricadas.

La cuestión de la identidad se asocia también con el desmoronamiento del estado del bienestar y el consiguiente crecimiento de una sensación de inseguridad, con la «corrosión del carácter» que la inseguridad y la flexibilidad en el trabajo han producido en la sociedad. Se crean las condiciones para un vaciamiento de las instituciones democráticas y una privatización de la esfera pública, que cada vez se parece más a un debate televisivo en el que cada cual expresa a gritos sus propias justificaciones sin producir ningún efecto en la injusticia y la falta de libertad que hay en el mundo moderno.

Sin embargo, la «corrosión del carácter» que tanta importancia adquiere en las últimas obras de Bauman es simplemente la más asombrosa manifestación de la profunda ansiedad que caracteriza el comportamiento, la toma de decisiones y los proyectos de vida de los hombres y mujeres en la sociedad occidental. Como intelectual que vivió los horrores del siglo xx —la guerra, la persecución de los judíos y el exilio de «su» país para seguir siendo fiel a sí mismo—, Bauman conoce muy bien la diferencia entre los fenómenos a largo plazo y las expresiones contingentes de una «larga transformación» como es, sin duda, la globalización. Hay que comprender las características fundamentales de una «larga transición» para poder identificar las tendencias sociales, pero también es necesario contextualizar las manifestaciones de la existencia social a largo plazo. Tal vez por eso Bauman en varias ocasiones se mofa con discreción de aquellos que intentan conceptualizar definitivamente la relevancia política de la identidad. En una sociedad que ha hecho que las identidades sociales, culturales y sexuales sean inciertas y transitorias, cualquier intento de «solidificar» aquello que se ha licuado a causa de una política de identidad llevará inevitablemente el pensamiento crítico a un callejón sin salida. He aquí, por tanto, una invitación a aplicar un poco la sabiduría, pero ese intento fracasará forzosamente por culpa de unos invitados inesperados, a saber, aquellas estrategias de adaptación a la *modernidad líquida* que intervienen en las últimas sociedades capitalistas. El debate sobre la identidad es, por tanto, una convención socialmente necesaria que se utiliza con absoluta despreocupación para moldear y dar sustancia a las biografías a medida. Hablamos de identidad a causa del colapso de aquellas instituciones que, en palabras de Georg Simmel, constituyeron durante muchos años las premisas sobre las que se asentó la sociedad moderna.

En *Comunidad*, Zygmunt Bauman investigó la ambivalencia de las nuevas ataduras sociales que exige la sociedad capitalista reciente. Esas ataduras pueden dar lugar a exigencias de protección y a un retorno a un mundo familiar y restringido que pone límites y barreras para mantener a raya al «intruso», sea quien fuere. Al mismo tiempo, sin embargo, la comunidad constituye un refugio en relación con los efectos a escala mundial de la globalización, como se puede ver claramente en la crisis en que está sumido el crisol de culturas en Estados Unidos. Reconducir la situación es tan peligroso como desentenderse de ella. Lo mismo puede decirse, a mi entender, de la política de la identidad. Es bien sabido que Bauman se ha referido con frecuencia al cosmopolitismo dorado y a la seductora movilidad de las élites globales, que tanto contrasta con el sufrimiento de quienes no pueden huir del localismo. La política de la identidad habla, por tanto, el idioma de quienes han sido marginados por la globalización. Pero muchos estudiosos del poscolonialismo hacen hincapié en que el recurso a la identidad debería considerarse como un proceso continuo de redefinición de uno mismo y de invención y reinvención de la propia historia. Es ahí donde se observa la ambivalencia de la identidad: la nostalgia del pasado en perfecta armonía con la *modernidad líquida*. Eso es lo que nos ofrece la posibilidad de anular los efectos de la globalización para utilizarlos de manera positiva. De hecho, aquellos que definieran esta operación como «optimismo del pensamiento y pesimismo de la voluntad» no andarían muy desencaminados. A través del aflojamiento de los lazos sociales de la *modernidad sólida* es posible entrever una situación que conduce a la liberación social.

Fiel a su arraigo en la gran tradición europea de la sociología, Bauman pone de relieve los riesgos que entraña este tipo de discurso. No obstante, es un riesgo que hay que correr, precisamente porque la cuestión de la identidad debe ocuparse otra vez de lo que en realidad es: una convención socialmente necesaria. De lo contrario, no cabe duda de que la política de la identidad dominará la escena mundial, peligro este del que ya hemos tenido numerosas señales de advertencia. En última instancia, los distintos fundamentalismos religiosos no son otra cosa que la incorporación de la identidad al ámbito de la política ejercida por unos cínicos aprendices de brujo. El engaño que se esconde tras esa trasposición solo puede descubrirse si reconstruimos el paso de la dimensión individual —siempre presente en la identidad— a su codificación como convención social. Este, creo yo, es el quid de la cuestión.

Sea cual fuere el campo de investigación en el que se analiza la ambivalencia de la identidad, siempre es necesario distinguir los polos gemelos que esta impone a la existencia social: opresión y liberación. Es preciso romper este misterioso círculo. Bauman está convencido de que la verdad solo se puede declarar en el *ágora*, descorriendo así el velo de oscurantismo que impide que esa misma ambivalencia pase a ser el lugar donde es posible experimentar el principio de responsabilidad individual. Podría parecer contradictorio que este hombre tan afable, y tan celoso de su intimidad, exhorte constantemente a todo el mundo a decir lo que piensa; pero se trata de un ruego que hay que atender aun cuando el debate público provoque amargos desencuentros. Eso es todo lo contrario de la incesante e invariable verborrea que escuchamos en esas tertulias televisivas a las que tanto nos hemos acostumbrado. El ágora es el espacio privilegiado en el que se puede decir lo que se piensa sobre cuestiones tales como la desenfrenada privatización de la esfera pública, y esa centralidad que le atribuye es lo que hace de Bauman uno de los más lúcidos y escépticos detractores del *Zeitgeist* predominante durante este periodo de *modernidad líquida*.

Identidad

Zygmunt Bauman: En la Universidad Carolina de Praga es costumbre tocar, durante la ceremonia de investidura, el himno nacional del país al que pertenece la persona que va a ser nombrada doctor *honoris causa*. Cuando me llegó el turno a mí, me pidieron que eligiera entre el himno británico y el polaco... No fue una decisión fácil.

El Reino Unido fue el país que elegí yo y el que me eligió a mí a través de una oferta de trabajo como profesor universitario cuando ya no podía permanecer en Polonia, mi país de origen, porque me habían arrebatado el derecho a ejercer la docencia. Pero allí, en el Reino Unido, era un inmigrante, un recién llegado; hasta hace no mucho tiempo era un refugiado de un país extranjero, un advenedizo. He obtenido la nacionalidad británica, pero una vez que eres un recién llegado, ¿puedes dejar de serlo alguna vez? No tenía ninguna intención de hacerme pasar por inglés, y ni mis alumnos ni mis colegas tuvieron nunca la menor duda de que yo era un extranjero, un polaco, para ser precisos. Este acuerdo tácito «entre caballeros» evitó que nuestras relaciones se agriaran; antes al contrario, sirvió para que fueran sinceras, fluidas y, en general, transparentes y cordiales. Entonces, ¿deberían haber tocado el himno polaco? Pero eso también habría significado actuar de manera fraudulenta: unos treinta años antes de la ceremonia de Praga me habían desposeído de la nacionalidad polaca. Mi exclusión era oficial, promovida y confirmada por el poder con autoridad para diferenciar lo que está *dentro* de lo que está *fuera*, entre los que son de allí y los que no, de modo que ya no tenía derecho al himno nacional polaco...

Janina, mi compañera de toda la vida y una persona que había cavilado mucho sobre las trampas y las tribulaciones de la definición personal (al fin y al cabo, escribió un libro titulado

A Dream of Belonging), dio con la solución: y ¿por qué no el himno de Europa? En efecto, ¿por qué no? Yo era, sin duda, europeo, y nunca había dejado de serlo: nací en Europa, he vivido siempre en Europa, mi pensamiento es europeo, me siento europeo; y, es más, todavía no hay ninguna oficina de pasaportes con autoridad para expedir o retirar un «pasaporte europeo», y, por tanto, para concedernos o denegarnos el derecho a llamarnos europeos.

Nuestra decisión de solicitar que se interpretara el himno europeo era a la vez «incluyente» y «excluyente». Hacía alusión a una entidad que abarcaba ambos puntos de referencia alternativos de mi identidad, pero, al mismo tiempo, anulaba, por menos relevantes o irrelevantes, las diferencias entre ellos y, por eso, también una posible «escisión de la identidad». Suprimía del orden del día una identidad definida en términos de nacionalidad; el tipo de identidad que ha quedado fuera de mi alcance. Unos conmovedores versos del himno europeo me sirvieron de ayuda: «*Alle Menschen werden Brüder...*» [«Todos los hombres serán hermanos»]. La idea de *hermandad* es el paradigma de la cuadratura del círculo: diferente pero igual, separado pero inseparable, independiente pero unida.

Te cuento este pequeño episodio porque contiene en pocas palabras la mayoría de los molestos dilemas y las obsesivas elecciones que tienden a hacer de la *identidad* una cuestión de graves preocupaciones y acaloradas controversias. Los buscadores de identidad se enfrentan inevitablemente a la abrumadora tarea de «cuadrar el círculo»: la expresión genérica implica, como es sabido, tareas que nunca se pueden completar en un «tiempo real», sino que se supone que quedarán acabadas con la plenitud del tiempo, en el infinito...

Habitualmente se dice que las *comunidades* (a las que las identidades se refieren como las entidades que las definen) son de dos tipos. Hay comunidades de vida y destino cuyos miembros (según el planteamiento de Siegfried Kracauer) «viven juntos en una trabazón indisoluble» y comunidades que están «soldadas solo por ideas o por principios diversos».[1] De los dos tipos, el primero se me ha denegado, igual que les ha pasado y les pasará a un número cada vez mayor de contemporáneos míos. Si no se me hubiera denegado, difícilmente se te ocurriría preguntarme por mi identidad; y, si me preguntaras, no sabría qué clase de respuestas esperarías de mí. La cuestión de la identidad solo surge cuando se está en contacto con «comunidades» de la segunda categoría, y solo porque hay más de una idea para invocar y mantener unidas a las «comunidades soldadas por ideas», a las que uno está expuesto en nuestro heterogéneo mundo policultural. Precisamente porque hay a nuestro alrededor muchas ideas y principios de esa índole, que aglutinan «comunidades de creyentes», uno tiene que comparar, que tomar decisiones (una y otra vez), que revisar las decisiones tomadas en otras ocasiones, que intentar reconciliar exigencias contradictorias y a menudo incompatibles. Julian Tuwim, el gran poeta polaco de ascendencia judía, señaló que odiar a los polacos antisemitas más que a los antisemitas de cualquier otro país era la prueba más evidente de su idiosincrasia polaca (supongo que mi condición de judío queda confirmada porque las iniquidades de los israelíes me duelen más que las atrocidades cometidas por otros países). Uno se da cuenta de que la «pertenencia» y la «identidad» no están talladas en piedra, de que no tienen garantía de por vida, de que son claramente negociables y revocables; y de que las propias decisiones, los pasos que uno da, la manera de actuar —y la determinación de mantenerse fiel a todo eso— son factores determinantes de ambas. Dicho de otro modo, la gente no se plantearía «tener una identidad» si la «pertenencia a algo» siguiera siendo su destino y una condición carente de alternativa. Empezarán a considerar una idea semejante solo como una tarea que hay que realizar hasta la saciedad, no una sola vez.

No recuerdo haber prestado mucha atención a la cuestión de mi «identidad», al menos a su componente nacional, hasta el brutal despertar de marzo de 1968, cuando se puso en duda públicamente mi condición de polaco. Supongo que hasta entonces esperaba, con toda naturalidad, sin hacer ningún cálculo ni examen de conciencia, jubilarme, llegado el momento, de la Universidad de Varsovia y que me enterrasen, llegado el momento, en uno de los cementerios de la ciudad. Pero, desde marzo de 1968, todo el mundo espera que me defina, y se supone que tengo una visión bien razonada y muy equilibrada de mi identidad. ¿Por qué? Porque una vez puesto en marcha, una vez arrancado de lo que podría pasar por mi «hábitat natural», no encajaba en ningún sitio «al cien por cien». Me encontrara donde me encontrara, siempre estaba —unas veces un poco, otras ostensiblemente— «fuera de lugar».

También sucedía que, en ese montón de problemas al que llamo *mi identidad*, se daba una importancia especial a la nacionalidad. Comparto la misma suerte que millones de refugiados y emigrantes a quienes nuestro mundo cada vez más globalizado expulsa cada vez más deprisa. Pero descubrir que la identidad es un montón de problemas en lugar de una sola cuestión es una característica que tengo en común con muchísimas más personas, prácticamente con todos los hombres y mujeres de la moderna era líquida.

Las peculiaridades de mi biografía solo han hecho más dramática y han puesto de relieve una situación que es hoy en día bastante común y que lleva camino de universalizarse. En estos modernos tiempos líquidos, el mundo que nos rodea está troceado en fragmentos mal coordinados y nuestras vidas individuales están divididas en una serie de episodios inconexos. Pocos podemos dejar de pasar por más de una «comunidad de ideas y principios» real o hipotética, bien integrada o efímera, de modo que a casi todos nos cuesta resolver (como diría Paul Ricœur) la cuestión de la *mêmeté* (la mismidad, es decir, la cohesión y continuidad de nuestra identidad a lo largo del tiempo). Pocos estamos expuestos a una sola «comunidad de ideas y principios» a la vez, por lo que casi todos tenemos los mismos problemas con la cuestión de *l'ipséité* (la ipseidad, es decir, la coherencia de lo que nos distingue como personas). Mi colega y amiga Ágnes Heller, con la que comparto en buena medida un dilema vital, se quejó en una ocasión de ser mujer, húngara, judía, yanqui y filósofa: demasiadas identidades para una sola persona. Pues bien, podría haber ampliado fácilmente la lista, pero los marcos de referencia que mencionó son ya más que suficientes para demostrar la abrumadora complejidad de la tarea.

Estar completa o parcialmente «fuera de lugar» en todas partes, no estar realmente en ningún sitio (es decir, sin reservas ni salvedades, sin que «sobresalgan» algunos aspectos de uno mismo y sin que los demás lo miren como un bicho raro) puede ser en ocasiones una experiencia traumática y desagradable. Siempre hay algo que explicar, algo por lo que disculparse, algo que ocultar o, por el contrario, algo que mostrar orgullosamente, algo que negociar, algo por lo que pujar o regatear; hay que limar o suavizar algunas diferencias, mientras que otras, por el contrario, conviene destacarlas y hacerlas más visibles. Las identidades flotan en el aire, algunas por decisión propia, pero otras son forjadas y exageradas por quienes nos rodean, y es preciso estar siempre alerta para defender a las primeras de las segundas; hay muchas probabilidades de que se produzcan malentendidos, y el resultado de la negociación pende siempre de un hilo. Cuanto más se practican y dominan las habilidades necesarias para arreglárselas en una situación tan claramente ambivalente, menos angulosas y cortantes serán las aristas, menos abrumadores los problemas y menos adversos los efectos. Uno puede incluso empezar a sentirse *chez soi*, «como en casa», en cualquier parte, pero a costa de aceptar que no se estará plena y verdaderamente como en casa en ningún sitio.

Uno puede lamentarse de todas estas incomodidades y (esperando en vano) buscar la redención, o al menos un alivio, soñando que forma parte de algo. Pero también puede convertir su destino impuesto en una vocación, una misión, un destino elegido conscientemente, tanto más si se tienen en cuenta las ventajas que esa decisión puede suponer para quienes la toman y la llevan a cabo, y por el bien de las probables ventajas que puede ofrecer a las personas de su entorno.

Ludwig Wittgenstein dijo en una ocasión que los mejores sitios para resolver problemas filosóficos son las estaciones de ferrocarril (recordemos que no estaba familiarizado con los aeropuertos...). Uno de los más grandes de la larga serie de excelentes escritores en lengua española, Juan Goytisolo, que vivió en París y en Estados Unidos antes de asentarse en Marruecos, resumió su experiencia vital en la sentencia «la intimidad y la distancia crean una situación privilegiada. Ambas son necesarias». Jacques Derrida, uno de los más grandes filósofos de nuestra moderna era líquida, en exilio perpetuo desde que el Gobierno de Vichy lo expulsó de la escuela donde estudiaba cuando era un muchacho judío de apenas doce años, construyó su impresionante hogar filosófico, según la opinión general, sobre «encrucijadas culturales». George Steiner, un agudo y perspicaz crítico cultural, dijo que Samuel Beckett, Jorge Luis Borges y Vladimir Nabokov eran los más excelsos escritores contemporáneos; lo que en su opinión unía a los tres autores —por otra parte radicalmente distintos entre sí— y los hacía descollar sobre los demás era que se movían con soltura por varios universos lingüísticos diferentes. Esa continua transgresión de los límites les permitió investigar la inventiva y el ingenio humanos que se esconden tras las pétreas y solemnes fachadas de credos en apariencia indomables y atemporales, dándoles así el valor necesario para sumarse intencionadamente a la creación cultural, conscientes de los riesgos y escollos que por desgracia caracterizan las extensiones ilimitadas.

De Georg Simmel (de quien he aprendido más que de cualquier otro sociólogo y cuya forma de hacer sociología ha sido para mí —y supongo que lo seguirá siendo hasta el final— el ideal supremo —aunque, por desgracia, inalcanzable—) dijo acertadamente Kracauer que uno de los objetivos fundamentales que persiguió a lo largo de su vida fue el de «despojar a todo fenómeno *geistig* (espiritual, intelectual) de su falso "ser en sí mismo" y mostrar cómo está integrado en el contexto más amplio de la vida». Como núcleo del pensamiento de Simmel, y, por tanto, de su mundo y de la comprensión del lugar que ocupaba en él, siempre estuvo el individuo humano, «considerado como portador de cultura y como ser *geistig* y maduro, que actúa y evalúa las cosas con pleno dominio de los poderes de su alma y está unido al prójimo en la acción colectiva y en el sentimiento». Si sigues pinchándome para que manifieste mi identidad (es decir, mi «yo postulado», el horizonte hacia el que me dirijo con esfuerzo y por medio del cual valoro, censuro y corrijo mis movimientos), ya no puedes empujarme más. Solo puedo llegar hasta aquí...

Benedetto Vecchi: En la imaginación sociológica, la identidad siempre constituye algo muy evasivo y resbaladizo, casi un apriori, esto es, una realidad preexistente. Por ejemplo, en Émile Durkheim, las identidades colectivas siempre quedan en segundo plano, pero es indudable que en su libro más famoso, *La división del trabajo social*, la división del trabajo es un elemento contradictorio. Por un lado, pone en peligro los vínculos sociales, pero al mismo tiempo actúa como un factor de estabilización en la transición a la creación de un nuevo orden social. Sin embargo, en este marco analítico, la identidad ha de considerarse como un objetivo, una meta, más que como un factor predeterminado. ¿Qué opinas tú?

Zygmunt Bauman: Opino lo mismo que tú... Sí, en efecto, la identidad se nos presenta solo como algo que hay que inventar en vez de descubrir; como el blanco de un esfuerzo, un «objetivo»;

como algo que todavía hay que construir desde cero o que elegir entre distintas opciones, para luego luchar por ello y después protegerlo con una lucha aún más encarnizada. Aunque, para que la lucha valga la pena, la verdad de la precaria y siempre incompleta condición de la identidad debe ser, y tiende a ser, suprimida y laboriosamente encubierta.

Hoy en día, esta verdad es más difícil de ocultar que a comienzos de la era moderna. Los organismos más dispuestos a ocultarla han perdido el interés; se baten en retirada y nos dejan a nosotros, hombres y mujeres concretos, el trabajo de encontrar o construir una identidad individualmente o por separado, pero no colectivamente. Ya no podemos seguir ocultando la fragilidad y la siempre provisional condición de la identidad. El secreto ha salido a la luz. Pero se trata de una evolución bastante reciente.

Por lo tanto, yo me pregunto si es justo pedirles a los padres espirituales de la sociología —ya se trate de Weber o de Durkheim, o incluso de Simmel, quien fue el más clarividente y el que más se adelantó a su tiempo— que nos indiquen qué pensar de una cuestión que irrumpió en nuestra conciencia colectiva y se instaló en ella mucho después de que ellos murieran. Todos ellos entablaron una conversación con los problemas, las preocupaciones y los intereses de los hombres y mujeres de su tiempo (la profundidad, la sinceridad y la dedicación de ese compromiso fue su verdadera grandeza y su legado más importante para la sociología posterior). La identidad no destacaba entre esas preocupaciones. Supongo que si hubieran prestado más atención a las grandes cuestiones de su época, al tipo de sociedad que surgió casi un siglo después, habrían percibido la repentina centralidad del «problema de la identidad» —en los debates eruditos y en la conciencia colectiva— como un intrigante rompecabezas sociológico.

Se trata, en efecto, de un rompecabezas y un desafío para la sociología, sobre todo si recordamos que hace solo unas décadas la identidad no ocupaba, ni mucho menos, el centro de nuestros pensamientos, y se limitaba a ser objeto de meditación filosófica. Hoy en día, sin embargo, la identidad es «la comidilla del pueblo», la cuestión candente que está en boca de todos. Esta repentina fascinación por la identidad, más que la identidad misma, es lo que habría llamado la atención de los clásicos de la sociología si hubieran vivido lo bastante para analizarla. Probablemente habrían captado la indirecta de Martin Heidegger (pero ya no estaban aquí cuando se nos dio esa pista): tendemos a reparar en las cosas y a mirarlas con lupa solo cuando se desvanecen, se van al traste, empiezan a comportarse de manera extraña o, de lo contrario, cuando nos decepcionan.

Justo antes del estallido de la última guerra mundial se hizo en mi Polonia natal un censo de población. Polonia era entonces una sociedad multiétnica. En algunas partes del país había una curiosa mezcolanza de grupos étnicos, credos religiosos, costumbres y lenguas. Volver a transformar esa mezcolanza, mediante la conversión y la asimilación forzosas, en una nación uniforme o casi uniforme según, por ejemplo, el modelo francés, tal vez fuese el objetivo que perseguía parte de la élite política polaca, pero no era en modo alguno un objetivo aceptado por todos ni trazado de manera coherente, ni mucho menos un proyecto que estuviese en ningún momento a punto de realizarse.

Sin embargo, como cabía esperar de un Estado moderno, los empadronadores del censo daban por sentado que cada ser humano debía pertenecer a una nación. Se les dieron instrucciones para que recopilaran información sobre la nacionalidad que cada súbdito del Estado polaco se asignaba a sí mismo (hoy hablaríamos de *identidad étnica* o *nacional*). Aproximadamente en un millón de casos, los empadronadores no lograron su objetivo; las personas a las que interrogaron no sabían qué era una *nación* ni qué significaba *tener una nacionalidad*. A pesar de las presiones —amenazas de multa y denodados esfuerzos para explicar el significado de *nacionalidad*—, se ciñeron tercamente a las únicas respuestas que tenían sentido para ellos: «Somos lugareños», «Somos de aquí», «Somos de este lugar», «Nos sentimos de aquí». Al final, los funcionarios tuvieron que rendirse y añadir *lugareño* a la lista oficial de nacionalidades.

Polonia no fue en modo alguno un caso único ni el último ejemplo de ese tipo de registros. Bastantes años después, un trabajo de investigación francés mostró que, tras dos siglos de ardua construcción nacional, para muchos campesinos franceses *le pays* eran solo los veinte kilómetros que rodeaban el lugar donde vivían. Como señaló recientemente Philippe Robert, «durante la mayor parte de la historia de las sociedades humanas, las relaciones sociales han permanecido recluidas en el ámbito de la proximidad».[2] Recordemos que, en el siglo XVIII, en llegar, por ejemplo, de París a Marsella se tardaba lo mismo que durante el Imperio romano. Para la mayoría de la gente, la «sociedad» en cuanto «totalidad» de la convivencia humana (si es que se les pueden atribuir esos términos) se reducía al vecindario. «Se puede hablar de una sociedad de conocimiento mutuo», sugiere Robert. Dentro de ese conjunto de vecinos, unidos por lazos de familiaridad desde la cuna a la tumba, el lugar de cada persona era demasiado evidente para reflexionar sobre él y mucho menos para discutirlo. Cualquier ambigüedad en esas cuestiones (como en el caso de los relativamente escasos «pueblos sin señor» que se echaban a los caminos igualmente sin dueño al no encontrar medios de subsistencia en sus comunidades de origen) era un fenómeno marginal y de poca importancia, pues se podía remediar con medidas *ad hoc*, como la presencia de la *maréchaussée*, el cuerpo de policía montada que constituyó la primera fuerza policial de la historia de Europa. Hubo que esperar a la lenta desintegración y a la merma del poder unificador de las vecindades, así como a la revolución de los transportes, para que naciera la identidad: como un *problema* y, sobre todo, como una *tarea*. Los márgenes se ampliaron con rapidez, invadiendo el espacio central de la convivencia humana. De pronto, hubo que plantearse la cuestión de la identidad, puesto que no había ninguna respuesta o explicación clara para ella.

El naciente Estado moderno, ante la necesidad de crear un orden que las bien asentadas y unidas «sociedades de conocimiento mutuo» ya no reproducían automáticamente, se hizo cargo de esa cuestión y la utilizó en su labor de poner los cimientos de las novedosas y desconocidas reivindicaciones de legitimidad.

Parecía natural suponer que, tras su rápida expansión, la mejor manera de abordar el «problema de la identidad» era mediante el desarrollo paralelo de labores de mantenimiento del orden como las que realizaba la *maréchaussée*. El Estado nación, como ha observado Giorgio Agamben, es un Estado que convierte el «nacimiento» en el fundamento de su propia soberanía. «La ficción que está aquí implícita —señala Agamben— es que el *nacimiento* (*nascita*) se convierte de inmediato en *nación*, por lo que a lo mejor no hay ninguna diferencia entre los dos momentos».[3] Los inútiles objetivos de los empadronadores polacos no consiguieron absorber esa ficción como si fuese un «hecho evidente». Los ciudadanos se quedaban atónitos al oír que debían tener una «identidad nacional» y que las autoridades podían preguntarles cuál era esa nacionalidad.

No es que fueran especialmente duros de mollera o faltos de imaginación. Al fin y al cabo, preguntarte «quién eres» solo tiene sentido para ti si crees que puedes ser alguien distinto de quien realmente eres. Solo si tienes elección y si esta depende de lo que elijas. Solo si tienes que hacer algo para que la elección sea «real» y esté justificada. Pero eso es precisamente lo que no les ocurrió a los habitantes de las aldeas atrasadas y de los poblados forestales, pues nunca tuvieron la oportunidad de pensar siquiera en mudarse de sitio, ni mucho menos de buscar, descubrir o inventar algo tan nebuloso, tan impensable, como «otra identidad». Su forma de estar en el mundo despoja a la cuestión de la identidad del significado que resulta tan evidente para otros estilos de vida (estilos que nuestros hábitos lingüísticos nos inducen a llamar *modernos*).

Jorge Luis Borges habría descrito el apuro en el que se vieron los «lugareños» acosados como un caso de personas a las que se les ofrece un trabajo «que no está prohibido para otros hombres, pero está prohibido» para ellas, como le sucedió a Averroes cuando se esforzó en traducir a Aristóteles al árabe. «Encerrado en el ámbito del islam» y «queriendo imaginar lo que es un drama sin haber sospechado lo que es el teatro», Averroes «nunca pudo saber el significado de las voces *tragedia* y *comedia*».[4]

La idea de *identidad*, una *identidad nacional* en concreto, no se gestó e incubó en la experiencia humana «de forma natural», no surgió de esa experiencia como una verdad evidente e insoslayable. Esa idea entró *a la fuerza* en el *Lebenswelt* de los hombres y mujeres modernos, y llegó como una *ficción*. Cuajó en un «hecho», una «obviedad», precisamente porque había sido una ficción y gracias al doloroso vacío que se formó entre lo que esa idea implicaba, insinuaba o provocaba, y el *statu quo ante* (el estado de cosas anterior y ajeno a la intervención humana). *La idea de* identidad *surgió de la crisis de pertenencia* y del esfuerzo que generó para salvar la distancia existente entre el «debería ser» y el «es», y para elevar la realidad a los modelos que la idea establecía, para rehacer la realidad a imagen y semejanza de la idea.

La identidad solo podía entrar en el *Lebenswelt* como una tarea, como una *tarea todavía inacabada*, como un toque de trompeta, un deber y una necesidad de actuar, y el Estado naciente hizo todo lo que estuvo en su mano a fin de que ese deber fuese obligatorio para todos los que vivían en su territorio soberano. La identidad como ficción requirió de mucha coerción y persuasión para consolidarse y cuajar en una realidad (más propiamente, en la única realidad imaginable), y la historia del nacimiento y de la maduración del Estado moderno se vio desbordada por ambos.

La ficción del «origen del nacimiento» desempeñó un papel fundamental en las fórmulas que el naciente Estado moderno utilizó para legitimar el sometimiento incondicional de sus súbditos (que Max Weber, curiosamente, pasó por alto en su tipología de la legitimación). El Estado y la nación se necesitaban mutuamente; eran un «matrimonio perfecto»... El Estado buscó la obediencia de sus súbditos mostrándose como el cumplimiento del destino de la nación y como garantía de su continuidad. Por otra parte, una nación sin Estado dudaría de su pasado, de su presente y de su futuro, y, por tanto, estaría condenada a una existencia precaria. De no ser por la capacidad del Estado para definir, clasificar, segregar, separar y seleccionar todo lo que está en su poder, el conjunto de tradiciones locales, dialectos, leyes consuetudinarias y estilos de vida difícilmente habrían podido alcanzar la unidad proclamada y la cohesión de una comunidad nacional. Si el Estado fue el cumplimiento del destino de la nación, también fue una condición necesaria para que hubiera una nación que reivindicara —en voz alta, con seguridad y eficacia— un destino común. El principio *cuius regio, eius natio* (quien gobierna impone la identidad) era una espada de doble filo...

La *identidad nacional* fue desde el principio, y siguió siéndolo durante mucho tiempo, un concepto *agonista* y un grito de guerra. Una comunidad nacional cohesionada, que se solapa con el conjunto de los súbditos del Estado, estaba destinada no solo a permanecer inacabada a perpetuidad, sino también a ser precaria: un *proyecto* que necesita vigilancia continua, un esfuerzo hercúleo y la aplicación de la fuerza para que se cumplan sus exigencias (Ernest Renan dijo que la nación era un «plebiscito diario», a pesar de que hablaba de la experiencia del Estado francés, conocido al menos desde la época napoleónica por sus ambiciones extraordinariamente centralistas). Ninguna de esas condiciones se habría cumplido de no ser por el solapamiento del territorio nacional con la soberanía indivisa del Estado, que, como sugiere Agamben (siguiendo a Carl Schmitt), consiste ante todo en el poder de *exención*. Su razón de ser era el establecimiento, el refuerzo y la vigilancia de la frontera entre «nosotros» y «ellos». La pertenencia habría perdido su brillo y su poder de seducción, además de su función integradora y disciplinaria, si la amenaza y la práctica de la exclusión no hubiera sido tan selectiva ni se hubiera robustecido constantemente.

La identidad nacional, permíteme añadir, nunca fue como las otras identidades. A diferencia de las identidades que no exigían lealtad incondicional y fidelidad exclusiva, la identidad nacional no reconocía la competencia, y mucho menos la oposición. La identidad nacional, meticulosamente interpretada por el Estado y sus ramificaciones (o «gobiernos en la sombra» o «gobiernos en el exilio» en el caso de las aspirantes a naciones, que solo pedían a gritos un Estado propio), tenía por objetivo el derecho de monopolio para trazar la frontera entre «nosotros» y «ellos». Faltos de monopolio, los Estados buscaban cargos inexpugnables en los tribunales supremos que dictaban sentencias vinculantes y sin posibilidad de apelación en lo tocante a las reivindicaciones de las identidades en litigio.

Del mismo modo que las leyes del Estado prevalecían sobre el derecho consuetudinario y lo invalidaban en caso de conflicto, la identidad nacional solo permitía o toleraba esas otras identidades cuando no eran sospechosas de chocar (en esencia u ocasionalmente) con la prioridad absoluta de la lealtad nacional. Ser súbdito de un Estado era lo único que acreditaban fehacientemente los documentos de identidad y los pasaportes. Otras identidades «más pequeñas» debían buscar el aval y la protección de las delegaciones del Estado, con lo que confirmaban indirectamente la superioridad de la «identidad nacional» al ampararse en los estatutos reales o republicanos, los diplomas estatales y los certificados expedidos por el Estado. Aunque se fuese otro o se aspirase a serlo, eran las «autoridades correspondientes» las que tenían la última palabra. Una identidad sin certificar era un engaño, y su portador, un mentiroso y un impostor.

El rigor de las exigencias reflejaba la precariedad endémica e incurable de la tarea de construcción y mantenimiento de la nación. Permíteme que lo repita: la «naturalidad» de la suposición de que la *pertenencia por nacimiento* significaba, automática e inequívocamente, la pertenencia a una nación fue una convención laboriosamente maquinada; la apariencia de «naturalidad» era de todo menos «natural». A diferencia de las «minisociedades de conocimiento mutuo», en aquellas localidades en las que la mayoría de los hombres y de las mujeres de la era premoderna y anterior a la motorización vivían toda su vida, la *nación* era un ente imaginario que solo podía formar parte del *Lebenswelt* por medio de un ardid conceptual. La apariencia de naturalidad y, por tanto, también la credibilidad de la pertenencia que se reivindicaba solo podían ser el producto final de antiguas y prolongadas batallas, y su perpetuación solo podían garantizarla las batallas futuras.

En Italia, deberías saberlo mejor que yo... Dos siglos después de la victoria de la Unificación, apenas puede decirse que Italia es un país con una sola lengua e intereses comunes. Una y otra vez se hacen llamamientos para que los intereses locales se impongan a los vínculos nacionales (que se consideran artificiales). La prioridad de la identidad nacional sigue siendo, como lo era antes de la Unificación, una cuestión abierta y calurosamente discutida. Como dice acertadamente Jonathan Matthew Schwartz, en vez de que la totalidad sea más grande que la suma de sus partes (como insistía Durkheim, quien confiaba en que el poder del Estado saciara sus ambiciones), «el todo imaginario es, de hecho, más ficticio que la suma de sus partes».[5]

Benedetto Vecchi: Uno de los sociólogos que se distancian claramente de esa formulación es Georg Simmel. En sus ensayos sobre las formas de vida en las metrópolis y sobre los conflictos en la sociedad moderna, la identidad se considera precisamente una expresión de instituciones como la familia, el Estado, la Iglesia, que son —desde el punto vista kantiano— el apriori de la vida social. En este caso, la moderna sociedad de masas casi ha desintegrado el elemento identitario. De hecho, Simmel se centra intencionadamente en las formas de vida que han surgido de la disolución de los órdenes establecidos. Sin embargo, si confrontamos los análisis del sociólogo alemán con los de Durkheim, la identidad es un elemento menor en el análisis de la realidad. ¿No estás de acuerdo?

Zygmunt Bauman: Repito lo que sugerí antes: hay poderosas razones para no buscar respuestas a nuestros «problemas de identidad» en la obra de los padres fundadores, incluso en la obra de Georg Simmel, quien, debido a las peculiaridades de su biografía, pudo vislumbrar y probar ese tipo de condición existencial que solo mucho más tarde se convirtió en el destino de todos, para bien o para mal.

La principal razón por la que los padres fundadores de la sociología moderna no pueden responder a las preguntas que se nos plantean en esta difícil situación es que, si hace cien años se dio forma al «problema de la identidad» recurriendo al principio *cuius regio, eius natio*, hoy en día los «problemas de identidad» proceden, por el contrario, del *abandono* de ese principio o de su aplicación indecisa y de la ineficacia con que se promueve cuando se intenta. Una vez que la identidad pierde los anclajes *sociales* que la hacían parecer «natural», predeterminada e innegociable, la identificación es cada vez más importante para los individuos que buscan desesperadamente un «nosotros» al que puedan tener acceso. En palabras de Lars Dencik, cuando escribió acerca de la experiencia escandinava:

> Las filiaciones sociales —más o menos heredadas— que tradicionalmente se atribuyen a los individuos como una definición de identidad: raza, [...] género, país o lugar de nacimiento, familia y clase social, ahora [...] se están volviendo menos importantes, diluyéndose y alterándose, en los países más avanzados tecnológica y económicamente. Al mismo tiempo, hay un deseo generalizado de encontrar o establecer nuevos grupos a los que uno pueda sentir que pertenece y que facilitan la creación de identidad. Lo que viene después es una sensación cada vez mayor de inseguridad...[6]

Permíteme señalar ya en esta fase (a la espera de otra oportunidad para analizar la cuestión más detalladamente, como se merece) que los «grupos» que los individuos carentes de marcos de referencia ortodoxos «intentan encontrar o establecer» tienden hoy en día a estar electrónicamente mediatizados. Son frágiles «totalidades virtuales» en las que es fácil entrar y de las que es fácil salir. No se las puede considerar un sustituto válido de las sólidas —y que fingen ser aún más sólidas— formas de convivencia que, gracias a su auténtica o supuesta solidez, podrían prometer la reconfortante sensación (aunque sea engañosa o fraudulenta) de «ser nosotros» que el «navegar por la red» no nos ofrece. Citando a Clifford Stoll, un confeso —aunque ya curado— adicto a internet: preocupados por perseguir y aceptar las ofertas del tipo «¡regístrate ahora!» que parpadean en las pantallas de los ordenadores, estamos perdiendo la capacidad de relacionarlos espontáneamente con personas de verdad.[7] Charles Handy, un teórico de la administración, coincide: «Estas comunidades virtuales pueden ser muy divertidas, pero solo crean una ilusión de intimidad y un simulacro de comunidad».[8] No son sustitutos válidos para «sentarse a la mesa, ver las caras de las personas y tener una conversación de verdad». Esas comunidades virtuales tampoco sirven para dar sustancia a la identidad personal, la principal razón por la que las buscamos. Si acaso, hacen más difícil que nos reconciliemos con nuestro propio yo.

En palabras de Andy Hargreaves, profesor de Educación y gran observador de la situación cultural contemporánea:

> En los aeropuertos y otros espacios públicos, vemos a personas que llevan puestos los auriculares del teléfono móvil y van hablando solas en voz alta, como esquizofrénicos paranoides, completamente ajenas a su entorno inmediato. La introspección es una operación que está desapareciendo. Cuando están solas en su coche, en la calle o en la caja del supermercado, hay cada vez más personas que no reflexionan, sino que miran los mensajes del móvil en busca

de algún indicio de que alguien, en alguna parte, las está buscando o las necesita.[9]

Los paseantes urbanos de Georg Simmel eran famosos por su actitud de hastío y desinterés. No obstante, no llevaban auriculares. Igual que ahora, podían ser curiosos espectadores de los dramas callejeros, pero visitaban ese teatro sin mezclarse con los actores. Se distanciaban de lo que veían y observaban. Mas para ellos no era sencillo distanciarse del escenario en el que se desarrollaba el drama: la proximidad física podía confundirse fácilmente con la proximidad espiritual. Erving Goffman intentó hacer un inventario de las estrategias de «indiferencia cívica»: todos esos gestos y movimientos imperceptibles a los que cada uno de nosotros recurre con naturalidad cuando nos vemos rodeados de desconocidos, y que indican nuestra intención de permanecer ajenos a lo que está sucediendo y seguir a lo nuestro. Los paseantes urbanos de Simmel, y posteriormente los *flâneurs* de Baudelaire o Foucault y los expertos en el arte de la indiferencia cívica de que nos hablaba Goffman no recorrían las calles de la ciudad en busca de una comunidad con la que poder identificarse. Sin embargo, la materialización comunitaria de la identidad, esos *alguien* que los buscan y necesitan y a quienes ellos también buscan y necesitan, los esperaban de manera sedentaria y más o menos lista para servir y para usar, cómodamente instalados en sus casas o en sus lugares de trabajo.

En eso nos diferenciamos nosotros, los habitantes del moderno mundo líquido. Buscamos, construimos y mantenemos unidas las referencias comunitarias de nuestras identidades mientras estamos *en movimiento*, intentando adaptarnos a los grupos igualmente móviles y en rápida evolución que buscamos, construimos e intentamos mantener con vida siquiera un instante, pero no mucho más. Para ello no nos hace falta estudiar y dominar el código de Goffman. Ya se encargarán los teléfonos móviles. Podemos comprarlos, con todas las aplicaciones y accesorios necesarios para ese propósito, en cualquier centro comercial. Con unos auriculares bien colocados, lucimos nuestro desapego en la calle por la que paseamos, ya sin necesidad de ceremonias. Al encender el móvil, apagamos la calle. La proximidad física ya no choca con la lejanía espiritual.

En este mundo cada vez más acelerado ya no puedes confiar en esos marcos de referencia para reivindicar nada sobre la base de su supuesta durabilidad (y mucho menos de su atemporalidad). Ya no confías en ellos ni los necesitas. Esos marcos no adoptan fácilmente nuevos cometidos. Pronto resultarán demasiado pequeños e inflexibles para albergar todas esas nuevas identidades inexploradas que están tentadoramente a tu alcance y que ofrecen ventajas apetecibles por desconocidas, prometedoras y hasta ahora poco desprestigiadas. Por su condición de rígidos y pegajosos, resulta difícil limpiar los marcos de viejos contenidos y deshacerse de ellos cuando se acerca su «fecha de caducidad». En el mundo feliz de las oportunidades fugaces y los valores frágiles, las identidades rígidas y anticuadas no sirven para nada.

La sabiduría popular se percató enseguida de la inconstancia de las exigencias, y pronto ridiculizó la sabiduría heredada, que era manifiestamente inadecuada para atenerse a ellas. En

1994 se vio en las calles de Berlín una pancarta que se mofaba de la lealtad a marcos de referencia que ya no podían representar la realidad del mundo: «Tu Cristo es judío. Tu coche es japonés. Tu *pizza* es italiana. Tu democracia, griega. Tu café, brasileño. Tus vacaciones, turcas. Tus números, árabes. Tu alfabeto, latino. Solo tu vecino es extranjero».[10] En la época de la construcción nacional de Polonia, se solía instruir a los niños para que respondieran así a las siguientes preguntas sobre la identidad: «¿Quién eres?». «Un joven polaco». «¿Cuál es tu símbolo?». «El águila blanca». Las respuestas actuales, sugiere Monika Kostera, una prestigiosa socióloga de la cultura contemporánea, serían bastante diferentes: «¿Quién eres?». «Un atractivo cuarentón con mucho sentido del humor». «¿De qué signo eres?». «Géminis».[11]

La pancarta berlinesa implica globalización, mientras que el cambio en la probable respuesta a la pregunta «¿quién eres?» señala el desmoronamiento de la (auténtica o supuesta) jerarquía de identidades. Se trata de dos fenómenos estrechamente relacionados.

Globalización significa que el Estado ya no tiene peso ni ganas de que su matrimonio con la nación siga siendo indisoluble. Los flirteos extraconyugales e incluso los adulterios son inevitables y permisibles, y se buscan con afán; siguiendo las condiciones preliminares para su admisión en el «mundo libre» —primero, en la Organización para la Cooperación y el Desarrollo Económico (OCDE); luego, en la Unión Europea—, los Gobiernos del Este y del Centro de Europa han abierto sus activos nacionales al capital global y han desmantelado todas las barreras que impedían la libre circulación de fondos globales. Una vez cedidas a los mercados globales la mayoría de las tareas que requieren capital y mano de obra, los Estados necesitan mucho menos del fervor patriótico. Incluso los sentimientos patrióticos, el bien más celosamente guardado de los modernos Estados nación, se han cedido a las fuerzas del mercado para que los redistribuyan, engrosando así los beneficios de los promotores deportivos, del mundo del espectáculo, de las festividades populares y de la industria de los *souvenirs*. En el otro extremo, los poderes estatales —que ya solo poseen escasos restos de la antigua soberanía territorial— ofrecen poca seguridad, y mucho menos plenas garantías, a los buscadores de identidad. Recordando a Thomas Marshall, los derechos civiles ya no están en manos del Estado, los derechos políticos que los Estados pueden garantizar se limitan y quedan circunscritos a lo que Pierre Bourdieu calificó de *pensamiento único* del desregulado estilo liberal de libre mercado, mientras que los derechos sociales se han sustituido por el derecho individual de cuidar de uno mismo y quedar por encima de los demás.

Y de este modo a los cónyuges del Estado nación les interesa cada vez menos su matrimonio y avanzan, sin prisa pero sin pausa, hacia el modelo político y vital que está de moda, el de las «parejas semiindependientes».

Habiendo perdido la protección, el favor y el patrocinio de las instituciones monopolizadoras, y expuestos, en cambio, al libre juego de las fuerzas competitivas, ya no se buscan ni se intentan construir jerarquías o escalafones, sobre todo si son sólidos y duraderos. Las principales razones para que las identidades estén bien definidas y sean unívocas (tan bien definidas y tan inequívocas como la soberanía territorial del Estado), y para que conserven una forma reconocible a lo largo del tiempo, han desaparecido o han perdido gran parte de su poder de atracción. Se ha dado vía libre a las identidades; ahora son los hombres y las mujeres individuales quienes deben cogerlas al vuelo valiéndose de su ingenio y de sus herramientas.

El anhelo de identidad proviene del deseo de seguridad, que es en sí mismo un sentimiento ambiguo. Por muy estimulante que resulte a corto plazo, por muchas que sean las promesas y los vagos presentimientos de una experiencia todavía desconocida, flotar sin apoyo en un espacio mal definido, en una inhóspita tierra de nadie, se convierte a largo plazo en una situación inquietante y angustiosa. Por otra parte, una posición inamovible entre una infinidad de posibilidades tampoco es una perspectiva agradable. En nuestros modernos tiempos líquidos, en los que el individuo libre de cargas y compromisos es el héroe popular, *estar encasillado* —ser «identificado de manera inflexible y sin posibilidad de dar marcha atrás»— tiene cada vez peor prensa.

En las columnas de Sociedad de uno de los periódicos ingleses más prestigiosos se pudieron leer hace unos meses las palabras de un experto en relaciones de pareja que nos decía que «cuando te comprometes con alguien, por muy tibiamente que sea, recuerda que probablemente estés cerrándoles la puerta a otras posibilidades amorosas que quizá resulten más gratificantes y satisfactorias». Otro consejero matrimonial utilizó un tono más contundente: «Los compromisos carecen de sentido a largo plazo. [...] Al igual que otras inversiones, tienen sus altibajos». Así pues, si quieres «relacionarte» o «convivir» con otra persona, por tu propia seguridad, mantén las distancias; si quieres que la convivencia salga bien, no hagas ni pidas promesas. Deja las puertas abiertas en todo momento.

La abundancia de ofertas de compromiso, pero aún más la evidente fragilidad de todas ellas, no inspira confianza en las inversiones a largo plazo en el plano de las relaciones íntimas y personales. Tampoco inspira confianza en el lugar de trabajo, donde la clase social solía estar determinada y donde la gente se sigue ganando la vida y tiene que esforzarse por mantener la dignidad personal y el respeto social. En un reciente artículo, Richard Sennett señala que «a casi nadie le gustaría construir un nido en un lugar de trabajo flexible».[12] Al mismo tiempo, si la duración media de un contrato (proyecto) de trabajo en las unidades más avanzadas de lugares como el famoso Silicon Valley es de unos dieciocho meses, la solidaridad de grupo que solía ser el caldo de cultivo de la democracia no tiene tiempo para echar raíces y madurar. Hay pocos motivos para esperar que la lealtad a un grupo u organización vaya a ser recíproca. Es poco aconsejable (casi irracional) conceder «a crédito» esa lealtad cuando es improbable que le paguen a uno con la misma moneda.

En resumen, *identificarse con...* significa entregar rehenes a un destino desconocido en el que uno no puede influir y mucho menos controlar. Por tanto, quizá sea más conveniente vestir identidades a la manera de Richard Baxter —el predicador puritano al que cita Max Weber—, el cual proponía llevar las riquezas terrenales como si fueran una capa ligera que uno puede quitarse en cualquier momento. Aquellos lugares en los que tradicionalmente se colocaba el sentido de pertenencia (el puesto de trabajo, la familia, el vecindario) o ya no están disponibles o son poco fiables cuando lo están, y, por tanto, es poco probable que aplaquen la sed de unidad o espanten el miedo a la soledad y el abandono.

De ahí la creciente demanda de lo que podríamos llamar *comunidades de guardarropa,* que aparecen, aunque solo sea figuradamente, cuando la gente cuelga los problemas individuales, como hacen con sus abrigos quienes van al teatro, en una habitación. Cualquier suceso sorprendente puede ser una ocasión para ello: un nuevo enemigo público ascendido al cargo más importante; un apasionante partido de fútbol; un crimen especialmente «fotogénico», inteligente o cruel; la primera exhibición de una película muy anunciada, o el matrimonio, divorcio o caída en desgracia de un famoso en la cima de su carrera. Las comunidades de guardarropa se improvisan mientras dura el espectáculo y se disuelven en cuanto los espectadores recogen sus abrigos. Su ventaja sobre lo «auténtico» estriba precisamente en su brevedad y en la insignificancia de los requisitos necesarios para formar parte de ellas (aunque sea brevemente) y disfrutarlas. Pero se diferencian de la soñada comunidad solidaria del mismo modo que las imitaciones en masa de unos grandes almacenes se diferencian de los originales de la alta costura...

Cuando la calidad nos decepciona o es inexistente, tendemos a compensarla con la cantidad. Si los compromisos, y, por tanto, también los compromisos contraídos con cualquier identidad específica, son (como proclamaba con autoridad el experto citado más arriba) «absurdos», nos sentimos inclinados a cambiar una identidad, elegida definitivamente, por una «red de conexiones». Pero, a partir de entonces, contraer un compromiso y reafirmarlo parece incluso más difícil (y más desmoralizador e inquietante) que antes. Ahora ya no somos capaces de hacerlo funcionar. El hecho de estar activos, que en el pasado era un privilegio y un logro, ya no es una cuestión de elección: ahora es «imprescindible». Mantener el ritmo, que antes era una aventura emocionante, se convierte en un trabajo agotador. Y, lo que es peor, esa desagradable incertidumbre y esa humillante confusión, que esperábamos quitarnos de encima gracias a la velocidad, se niegan a desaparecer. La facilidad de desconexión y de cancelación a demanda no reduce los riesgos; solo los distribuye, junto con la ansiedad que producen, de otra manera.

En nuestro mundo de «individualización» desenfrenada, las identidades tienen sus pros y sus contras. Oscilan entre un sueño y una pesadilla, y no hay forma de saber cuándo lo uno se convertirá en lo otro. La mayoría de las veces, las dos modernas modalidades líquidas de identidad conviven en armonía, aun cuando estén situadas en diferentes niveles de la conciencia. En un moderno entorno líquido, las identidades son tal vez las encarnaciones de la *ambivalencia* más comunes, más agudas, más problemáticas y más profundamente sentidas. Por eso, diría yo, llaman poderosamente la atención de los modernos individuos líquidos y son su principal prioridad en la vida.

Benedetto Vecchi: Durante los veinte primeros años del siglo xx florece el análisis marxista de las clases sociales. Desde György Lukács hasta Walter Benjamin, muchos intelectuales marxistas se hacen preguntas acerca de la relación entre una reunión social y la conciencia social. En este caso, se puede decir también que la identidad es una categoría que ciertamente no tiene cabida en el pensamiento. Tal vez haya una excepción: Lukács. En *Historia y conciencia de clase* se refiere a menudo a la proliferación de estilos de vida, de formas de ser, como consecuencia de la sociedad de masas. Pero esto se debe, sin duda, a que expresa la falsa conciencia de que, en la izquierda marxista, la identidad empieza a constituir un problema por primera vez. ¿Qué opinas al respecto?

Zygmunt Bauman: El «marxismo intelectual» que recorrió las instituciones académicas de Europa y América en la década de 1960 era profundamente economicista y, en la mayoría de los casos, extremadamente reduccionista. En la década de 1960, que, como señala acertadamente Peter Beilharz, fue «probablemente el periodo de máximo esplendor del marxismo intelectual en Occidente [...], la política, la ideología y la ciudadanía fueron desplazadas o consideradas como efectos del motor principal del desarrollo y desmoronamiento del capitalismo».[13] Esto no tenía por qué ser así. Marx (citando otra vez a Beilharz) fue, al fin y al cabo, «primero un liberal que pasó de prestar atención a la pobreza y a la imagen correspondiente del ciudadano a prestársela al concepto de *explotación*, donde el perfil implícitamente masculino del proletario sustituye al del ciudadano». De modo que la reducción de la teoría marxista a un núcleo duro del determinismo económico podría no haber sido inevitable, pero en su época estaba, a mi entender, «sobredeterminada». Una imagen multifactorial, más sutil y matizada, de la sociedad no serviría ni para cubrir gastos. Fue precisamente la exhaustividad de esta explicación global y unifactorial de un sufrimiento, un malestar y una ansiedad tan desconcertantemente diversos —que solo una versión truncada, reduccionista y unidimensional del legado de Marx podía dar— lo que atrajo a una generación perpleja y confundida por las oleadas de descontento que las ideas al uso sobre el desarrollo, el progreso y la evolución no podían prever ni explicar. Había una abrumadora sensación de urgencia, una impaciencia que solo una teoría que pudiera asimilarse de golpe y digerirse en el acto podía, al menos durante algún tiempo, refrenar. Probablemente esta no era la única causa (insuficiente) del enorme entusiasmo por una versión raquítica y simplificada (más bien, vulgarizada) de la visión de Marx, pero podía verse como un ancho cauce en el que convergían numerosas corrientes distintas, conscientes e inconscientes, convirtiéndose en sus afluentes.

Ningún modelo unifactorial podrá explicar la complejidad del «mundo vivido» ni abarcar la complejidad de la experiencia humana. Esta regla general también se aplicó a la versión truncada del marxismo. Pero esta no fue la única razón por la que el predominio de esa versión se redujo a un breve episodio que llegó a un abrupto final ya en la década de 1980. Más importante aún fue el creciente desfase entre esa visión y las cambiantes realidades de la era Reagan-Thatcher.

El «perfil masculino del proletario» que supuestamente iba a garantizar la «inevitabilidad histórica y económicamente determinada» buscó en vano un original al que ceñirse. En tiempos de desregulación, de externalización, de subsidiariedad, de desvinculación empresarial, de desaparición gradual de las fábricas fordistas, de la nueva flexibilidad tanto de los modelos de empleo como de las rutinas laborales, y de progresivo pero implacable desmantelamiento de los instrumentos de protección y autodefensa de la mano de obra, la expectativa de una revisión general del orden social por parte de los trabajadores y de una erradicación de los males sociales inspirada en el proletariado debió de suponer un esfuerzo ímprobo para la imaginación. La mayoría de las fábricas y de las oficinas se convirtieron en escenarios de una competencia encarnizada entre individuos que intentaban llamar la atención de los jefes y obtener su aprobación, en vez de ser, como en el pasado, viveros de solidaridad proletaria en la lucha por una sociedad mejor. Como observó Daniel Cohen, economista de la Sorbona, había llegado el momento de que cada empleado demostrara, por iniciativa propia, que era mejor que el de al lado, que generaba más beneficios para los accionistas y que, por tanto, merecía seguir en la empresa cuando llegara, como era lógico, la siguiente fase de «racionalización» (léase, «más despidos»). Los reveladores estudios de Fitoussi y Rosanvallon, de Boltanski y Chiapello, confirmaron clara y gráficamente esa conclusión.

Pierre Bourdieu y Richard Sennett explicaron por qué el desmoronamiento de los entornos y rutinas estables, así como la fragilidad incluso de las grandes empresas, no favorecen una postura solidaria e impiden que los problemas y las preocupaciones individuales cristalicen en un conflicto de clases. Como dicen Boltanski y Chiapello, los empleados se hallaban en una *cité par projets*, donde las perspectivas de empleo se limitaban al proyecto que estuviera en marcha en ese momento. Y entre las personas que viven de un proyecto en otro, personas cuyos procesos vitales se dividen en una sucesión de proyectos efímeros, no hay tiempo para que el descontento colectivo cristalice en una apuesta por un mundo mejor... Esas personas desearían un *hoy diferente para cada una de ellas*, en vez de pensar seriamente en un *futuro mejor para todos*. En el esfuerzo cotidiano encaminado simplemente a mantenerse a flote, no hay ni espacio ni tiempo para vislumbrar una *sociedad buena*.

En conjunto, las naves industriales ya no parecen bastante seguras como valores en los que invertir las esperanzas de un cambio radical. Las estructuras de las empresas capitalistas y los hábitos de contratación de mano de obra, cada vez más frágiles y volátiles, ya no parecen ofrecer un marco común en cuyo interior las diversas privaciones e injusticias sociales puedan (y mucho menos deban) mezclarse, cuajar y cristalizarse en un programa de cambio; tampoco son adecuadas como campos de entrenamiento donde formar y adiestrar a las filas para una batalla inminente. El descontento social no tiene una casa común. Al alejarse y disiparse el espectro de una revolución proletaria, las reivindicaciones sociales quedan huérfanas. Han perdido el terreno compartido en el que negociar objetivos y elaborar estrategias comunes. Las categorías débiles están ahora solas, abandonadas a sus propios recursos y a su propio ingenio.

Muchas de esas categorías debilitadas respondieron al desafío. La de 1980 fue una década de trabajo frenético; se tejieron y bordaron nuevas banderas, se redactaron manifiestos, se diseñaron e imprimieron pancartas. Como la clase social ya no era un elemento seguro para reivindicaciones dispares e imprecisas, el descontento social se disolvió en un número indeterminado de agravios colcctivos o categoriales, cada uno de los cuales buscaba un fondeadero social propio. Los más útiles y prometedores parecían ser el género, la raza y el pasado colonial común. Cada uno de ellos, sin embargo, intentaba emular los poderes integradores de la clase social, que había aspirado a alcanzar el rango de metaidentidad, en pie de igualdad con el que la nacionalidad reclamaba en la época de la construcción nacional: con el rango de supraidentidad, la más general, la más voluminosa y omnívora de las identidades, la identidad que daría sentido a todas las demás y las reduciría al rango dependiente y secundario de «casos especiales» o «ejemplificaciones». Cada una se comportaba como si estuviera sola sobre el terreno, tratando a todos sus competidores como falsos pretendientes. Cada una de ellas era ajena, cuando no se oponía abiertamente, a las reivindicaciones de exclusividad que las demás exigían.

El «efecto inesperado» fue la fragmentación acelerada de la disidencia social, la progresiva desintegración de los conflictos sociales en una multitud de confrontaciones grupales y la proliferación de campos de batalla. Una víctima colateral de las nuevas guerras de reconocimiento fue la idea de *sociedad buena*, una idea que solo podía surgir y presentarse a la imaginación si la existencia de un supuesto portador —lo bastante poderoso y audaz para conseguir que el verbo se hiciera carne— le otorgaba credibilidad; mas para entonces ese portador ya no estaba a la vista. La idea de un *mundo mejor*, en caso de que surgiera, se reducía a la reivindicación de las actuales causas relacionadas con grupos o categorías. Siguió siendo indiferente a otras privaciones y desventajas, y se quedó muy lejos de ofrecer una solución universal a los problemas humanos.

Sin embargo, los portadores de las nuevas ideas parecían reaccionar de forma exagerada al descrédito de la preocupación por la injusticia económica característica de las actitudes clasistas. Sobre los aspectos económicos y las raíces de la miseria humana —sobre las escandalosas y crecientes diferencias en cuanto a las condiciones de vida, a las oportunidades y perspectivas, al aumento de la pobreza, a la insuficiencia de los medios de vida, a las enormes desigualdades en la distribución de la riqueza—, la mayoría de las nuevas concepciones guardaron un petulante silencio. La crítica que hace Richard Rorty a los militantes de las nuevas «causas sociales» es tan mordaz como certera: prefieren, dice Rorty sin rodeos, «no hablar de dinero».[14] Su (supuesto) «enemigo principal es una mentalidad y no un conjunto de acuerdos económicos». Por consiguiente, la «izquierda cultural» a la que todos ellos pertenecen «es incapaz de participar en la política nacional». Para regresar al ruedo político «habría que hablar más de dinero, aunque fuese a costa de hablar menos de estigmas».

Sospecho que tras esta extraña ceguera para la economía se esconde la tendencia que Robert Reich describió como «la secesión de los triunfadores»: la renuncia a la obligación que los intelectuales críticos con la sociedad creyeron haber contraído con el resto de sus contemporáneos, especialmente con aquellos menos privilegiados y menos felices que ellos. Al no reconocer ya esa obligación, sus descendientes pueden centrarse ahora en sus propios puntos flacos, intentando elevar el respeto y la adulación de los que son objeto al nivel de las alturas económicas que ya han alcanzado. Son tercamente egocéntricos y autorreferenciales.

Por tanto, la guerra por la justicia social se ha convertido injustamente en un sinfín de batallas por el reconocimiento. El «reconocimiento» puede ser lo que más echa en falta un sector u otro de los triunfadores, lo único que parece faltar en el inventario de los factores de la felicidad. Mas, para una gran parte (en rápido aumento) de la humanidad, el «reconocimiento» es una idea nebulosa y seguirá siéndolo mientras se rehúya hablar de dinero...

Reflexionando sobre las profecías fallidas del pasado y las gloriosas, aunque mal orientadas, esperanzas del presente, Rorty hace un llamamiento para que la gente espabile y llegue a comprender las causas profundas de la miseria humana. «Debemos asegurarnos —nos dice— de que nuestros hijos sepan que los países que se industrializaron antes son cien veces más ricos que los que todavía no se han industrializado. Nuestros hijos, desde muy pequeños, tienen que empezar a comprender que las desigualdades entre sus propias fortunas y las de otros niños no se deben a la voluntad de Dios ni al precio que hay que pagar por la eficacia económica, sino que son una tragedia evitable».[15]

Permíteme señalar que la identificación influye también poderosamente en la estratificación; es una de sus dimensiones más divisorias y claramente diferenciadoras. En un extremo de la jerarquía global emergente se encuentran aquellos que pueden forjar y descomponer sus identidades más o menos a voluntad, pues la cantidad de ofertas es prácticamente infinita. En el otro extremo se amontonan aquellos a los que se les ha vedado el acceso a la elección de identidad, personas que no tienen ni voz ni voto a la hora de decidir sus preferencias y que, al final, cargan con el lastre de unas identidades impuestas *por otros*; identidades que les estorban, pero de las que no se les permite despojarse y de las que no consiguen deshacerse. Identidades que las estereotipan, las humillan, las deshumanizan, las estigmatizan...

Casi todos nos movemos entre esos dos extremos, sin estar nunca seguros de cuánto durará nuestra libertad para elegir lo que deseamos y renunciar a lo que nos molesta, o de si podremos mantener la situación de la que disfrutamos ahora durante todo el tiempo que nos resulte cómodo y deseable. La mayoría de las veces, el miedo adultera la alegría de elegir una identidad interesante. Al fin y al cabo, sabemos que, si nuestros esfuerzos fracasan por falta de recursos o de determinación, otra identidad, no deseada, puede superponerse a la que hemos elegido y construido. Max Frisch, escribiendo desde Suiza (un país en el que las opciones individuales —flexibles— son supuestamente nulas a menos que lleven el sello de la aprobación popular —inflexible—), definió la *identidad* como el *rechazo* de lo que los otros quieren que seas.

Las guerras de reconocimiento, ya sean individuales o colectivas, se libran por lo general en dos frentes, aunque las tropas y las armas cambien de línea de combate en función de las posiciones que ganemos o que la jerarquía de poder nos asigne. En un frente, la identidad elegida y preferida avanza, casi siempre, contra los persistentes restos de viejas identidades abandonadas y molestas, elegidas o impuestas en el pasado. En el otro frente se combate la presión de otras identidades artificiosas y forzadas (estereotipos, estigmas, etiquetas) que las «fuerzas enemigas» ejercen, y, si se gana la batalla, se rechazan.

Pero ni siquiera las personas a las que se les ha negado el derecho a asumir la identidad que han elegido (una difícil situación a la que nadie quiere enfrentarse) han bajado aún a las regiones inferiores de la jerarquía del poder. Hay un espacio situado todavía más abajo, un espacio por debajo del fondo. A ese espacio caen (o, más exactamente, son empujadas) las personas a las que se les niega el derecho a *reivindicar* una identidad distinta de la clasificación obligatoria; personas cuya petición será denegada y cuyas protestas serán acalladas aunque soliciten la anulación del veredicto. Se trata de quienes desde hace poco constituyen la *clase inferior*: exiliados en las zonas más miserables, fuera de los límites de la sociedad, fuera de esa asamblea en la que las identidades (y, por tanto, el derecho a ocupar un lugar legítimo dentro de la totalidad) pueden ser reivindicadas y, una vez reivindicadas, probablemente tenidas en cuenta. Si te han incluido en la clase inferior (porque has abandonado los estudios, o porque eres una madre soltera que vive de los servicios sociales, o un drogadicto o exdrogadicto, o un sintecho, o un mendigo, o porque perteneces a alguna de las categorías que quedan fuera de lo tolerable), cualquier otra identidad a la que aspires te será denegada de antemano. *Identidad de clase inferior* significa «ausencia de identidad»; significa la supresión de la individualidad, de la «cara», ese objeto de deber ético y cuidado moral. Te expulsan del espacio social en el que se buscan, eligen, construyen, evalúan, confirman o refutan las identidades.

La clase inferior es un heterogéneo conjunto de personas que —como diría Giorgio Agamben— han visto su *bíos* (es decir, la vida de un sujeto socialmente reconocido) reducido a *zoé* (la vida puramente animal, a la que se le han cortado todas las ramificaciones reconociblemente humanas). Otra categoría que corre la misma suerte es la de los refugiados —los apátridas, los sin papeles—, los que no pertenecen a ningún territorio en un mundo basado en la soberanía territorial. Aunque se encuentran en una situación tan difícil como la de los de la clase inferior, a los refugiados se les niega, aparte de las demás privaciones, el derecho a una presencia física dentro del territorio soberano, salvo en «no lugares» especialmente diseñados, a los que se denomina *campos de refugiados* o *de solicitantes de asilo* para distinguirlos del espacio donde viven los demás, las personas «normales» y «completas».

El objetivo del imperialismo de la moderna era sólida era la conquista de territorios para aumentar el volumen de mano de obra sujeta a la explotación capitalista. Las tierras conquistadas quedaban bajo la administración de los conquistadores para que estos pudieran reconvertir a los nativos en mano de obra vendible. Se trataba (parafraseando a Clausewitz) de una continuación, de una representación en el escenario global, de los procesos internos de los países capitalistas, corroborando y reafirmando la idea marxista de que la clase es el principal factor determinante de la identidad social. Sin embargo, a la larga, se ha puesto de manifiesto que una de las dimensiones más espectaculares, y tal vez incluso la de mayores consecuencias, de la expansión de Occidente ha sido la lenta pero implacable producción de residuos humanos o, más propiamente, de «desechos humanos»: personas que ya no son necesarias para completar el ciclo económico y que, por tanto, no se pueden incluir en un marco social acorde con la economía capitalista.

Desechos humanos ha habido siempre, desde el principio, en todos los países que han desarrollado este tipo de economía. Sin embargo, en la medida en que esos países estaban confinados en una parte del globo, la «industria de eliminación de residuos», en forma de imperialismo político y militar, podía neutralizar eficazmente el peligro de la acumulación de desechos humanos. Para los *problemas locales* se buscó, y se encontró, una solución global. Ya no se puede recurrir a ese tipo de soluciones: la expansión de la economía capitalista ha alcanzado finalmente la extensión global de la dominación política y militar de Occidente, por lo que la producción de desechos humanos se ha convertido en un fenómeno planetario. El «problema del capitalismo» —la disfunción más evidente y potencialmente peligrosa de la economía capitalista— está pasando, en su actual fase planetaria, de la explotación a la exclusión. Es la exclusión, más que la explotación que sugirió Marx hace un siglo y medio, la que subyace tras los casos más manifiestos de polarización social, de aumento de la desigualdad y de acentuación de la pobreza, la miseria y la humillación humanas.

Benedetto Vecchi: Debemos a Thomas Marshall el primer discurso en el que los derechos sociales de la ciudadanía son vistos como un marco, y dentro de este marco el ropaje de las identidades colectivas se descarta en favor del ropaje del ciudadano. Desde entonces, las identidades han ido saliendo de la niebla de la gran transformación y entrando en los tiempos modernos. En tu opinión, ¿cómo se produce este cambio?

Zygmunt Bauman: Esta historia se ha contado muchas veces. Y, muchas veces, el sueño de una república que reconoce la humanidad de todos sus miembros y les otorga todos los derechos que corresponden a los seres humanos por el mero hecho de serlo —una república que, al mismo tiempo que acepta a sus miembros por su sola humanidad, por otra parte tolera sin preocupación sus caprichos y peculiaridades, siempre y cuando no se perjudiquen entre sí— lo han soñado todas las generaciones modernas (el «patriotismo constitucional» de Jürgen Habermas es su última versión). Y no es de extrañar. Una república así parece la mejor solución imaginable para el dilema más terrible de cualquier forma de convivencia humana, a saber, cómo convivir sin apenas luchas y conflictos y, al mismo tiempo, conservar intacta la libertad de elección y de autoafirmación. En suma: *cómo alcanzar la unidad en (¿a pesar de?) la diferencia y cómo conservar la diferencia en (¿a pesar de?) la unidad.*

La excepcional contribución de Thomas Marshall consistió en reducir la secuencia de desarrollos políticos en el Reino Unido a un «derecho histórico», que conduce inexorablemente, en todas partes, tarde o temprano, del *habeas corpus* a la habilitación política y, luego, a la social. En el umbral de los Treinta Gloriosos Años de reconstrucción posbélica y de «pacto social», la solución británica al dilema mencionado más arriba parecía, de hecho, inevitable y, tarde o temprano, irresistible. Era, al fin y al cabo, la consecuencia lógica del credo liberal, según el cual es necesario poseer los recursos que nos dejan tiempo y energía para otra cosa que no sea la lucha por la mera supervivencia. La capa inferior de la sociedad, los proletarios, carecían de esos recursos y era poco probable que los obtuvieran con su propio esfuerzo y con sus ahorros, de modo que correspondía a la propia república garantizar la satisfacción de sus necesidades básicas para que pudieran integrarse en la asamblea de ciudadanos.

Dicho de otro modo, se esperaba —se creía— que, una vez a salvo de la opresión, la gente se reuniría para resolver los asuntos comunes mediante la acción política, y el resultado de la participación cada vez más amplia en la política sería la garantía de la supervivencia colectiva: la seguridad de estar a salvo de la pobreza, del azote del desempleo, de la imposibilidad de ganarse la vida. En suma: una vez libres, los ciudadanos se preocuparían por la política y participarían directamente en ella, y esos mismos ciudadanos impulsarían a su vez activamente la equidad, la justicia, el cuidado mutuo, la hermandad...

No obstante, habría que guardarse de proclamar que una secuencia histórica es una manifestación de las «férreas leyes de la historia» y de la inevitabilidad histórica. Habría que guardarse aún más de descartar la «lógica del desarrollo» antes de que ese «desarrollo» haya seguido su curso. No se puede saber si una secuencia de acontecimientos ha terminado ya, ni cuándo terminará: la historia humana sigue siendo obstinadamente incompleta, y la condición humana, indeterminada. En la época en la que escribió Marshall, la modalidad británica del estado del bienestar (creo que es mejor llamarlo *Estado social*) parecía ser la culminación de la lógica moderna, la coronación de un tortuoso pero imparable impulso histórico, tal vez concebido a escala nacional, pero destinado a ser emulado —tal vez con modificaciones, pero conservando lo esencial— por todas las «sociedades desarrolladas».

Retrospectivamente, esa conclusión parece, como mínimo, prematura. Apenas treinta años después de que lord Beveridge diera los últimos toques al proyecto de seguro colectivo contra la desgracia individual, y de que Marshall pusiera por escrito su esperanzadora y optimista visión de la plena ciudadanía, Kenneth Galbraith observó el advenimiento de una «mayoría satisfecha» que aprovechaba sus nuevos derechos personales y políticos para arrebatar a sus conciudadanos menos avispados el creciente número de derechos sociales. En contra de las previsiones de Beveridge y Marshall, la capacidad del Estado social para hacer que la mayoría se sienta confiada y satisfecha ha socavado sus premisas y ambiciones en lugar de reforzarlas. Paradójicamente, la confianza de la «mayoría satisfecha», que la llevó a retirar su apoyo al principio fundamental del Estado social —el del seguro colectivo contra la desgracia individual—, fue una consecuencia del asombroso éxito del Estado social. Habiendo alcanzado una auténtica abundancia de recursos —una posición desde la que un amplio abanico de oportunidades atraía a todos los que tenían medios suficientes a su disposición—, esa mayoría quitó la escalera sin la cual ascender a esa cima resultaría peligroso o directamente imposible.

El proceso tenía impulso y aceleración propios. El viraje del sentimiento popular se tradujo en una reducción progresiva de la protección que el Estado social, que ya no incluía a todos, quería y podía ofrecer. En primer lugar, el principio del seguro colectivo como derecho universal de todos los ciudadanos fue sustituido, mediante la práctica de la «comprobación de ingresos», por una promesa de ayuda económica, dirigida únicamente a aquellas personas que no superaban la prueba de iniciativa y autosuficiencia y, por tanto, implícitamente, la prueba de ciudadanía y de «plena humanidad». La dependencia de las ayudas sociales se convirtió así no ya en un derecho ciudadano, sino en un estigma que las personas con amor propio intentarían evitar. En segundo lugar, según el principio de que la prestación para los pobres es una pobre prestación, los servicios de asistencia social perdieron, además, gran parte de su antiguo atractivo. Ambos factores añadieron animadversión, velocidad y volumen al asunto cuando la «mayoría satisfecha» decidió salirse de la alianza, «más allá de la izquierda y la derecha», en apoyo del Estado social. Esto condujo, a su vez, a una mayor limitación, a la retirada progresiva de las prestaciones sociales y a la parálisis de la beneficencia pública, carente de fondos.

En el otro extremo del retroceso del Estado social se encuentra el caparazón desecado, agrietado y marchito de la «república», despojada de sus adornos más atractivos. Las personas que se enfrentan a las dificultades de la vida y a las que se les dice que busquen soluciones privadas a los problemas creados por la sociedad no pueden esperar demasiada ayuda del Estado. Los recortados poderes del Estado no prometen mucho y garantizan aún menos. Una persona racional ya no confiaría en que el Estado le proporcionara todo lo necesario, en caso de desempleo, enfermedad o vejez, para que sus hijos gozaran de una buena atención sanitaria y de una educación adecuada. Sobre todo, una persona racional no esperaría que el Estado protegiera a sus súbditos de los golpes aparentemente aleatorios que provienen del juego incontrolado y mal entendido de las fuerzas globales. Por eso hay una nueva pero profundamente arraigada sensación de que, por muy bien que uno sepa cómo debería ser una buena sociedad, no encontraría un organismo capaz y deseoso de cumplir esas expectativas populares.

En definitiva, el significado de *ciudadanía* se ha vaciado de gran parte de su contenido —pasado, auténtico y determinado—, mientras que las instituciones representadas o avaladas por el Estado, y en las que se basaba la credibilidad de ese significado, se han ido desmantelando progresivamente. El Estado nación, como ya hemos señalado, ha dejado de ser el depositario natural de la confianza del pueblo. La confianza ha sido expulsada del hogar donde habitaba durante la mayor parte de la historia moderna. Ahora flota a la deriva en busca de refugios alternativos; pero ninguna de las alternativas existentes ha conseguido hasta ahora igualar la solidez y aparente «naturalidad» del Estado nación como puerto de escala.

Hubo un tiempo en el que la identidad humana de una persona estaba determinada principalmente por el papel que desempeñaba en la división social del trabajo, un tiempo en el que el Estado respondía (si no en la práctica, sí en sus intenciones y promesas) de la solidez y durabilidad de ese papel, y en el que los súbditos del Estado podían pedir cuentas a las autoridades si estas no cumplían sus promesas y no estaban a la altura de la responsabilidad que habían asumido. Esa cadena ininterrumpida de dependencia y apoyo podía servir de base a algo parecido al «patriotismo constitucional» de Habermas. Parece, sin embargo, que una apelación al patriotismo constitucional como remedio eficaz para solucionar los problemas actuales coincide con los hábitos de la lechuza de Minerva, que, como sabemos desde Hegel, desplegaba las alas al anochecer, cuando el día había terminado... Uno solo investiga el valor de algo cuando desaparece de la vista, se pierde o se deteriora.

En la situación actual, no hay mucho que nos haga albergar esperanzas en las posibilidades del patriotismo constitucional. Para que la fuerza centrípeta del Estado anule la fuerza centrífuga de los intereses y preocupaciones de colectivos autorreferenciales, sectoriales y de otra índole, el Estado debe ser capaz de ofrecer algo que no se puede obtener con la misma facilidad en los niveles inferiores, así como de atar los hilos de una red de seguridad que, de otro modo, quedaría suelta. En general, la época en la que el Estado era capaz de realizar esa proeza y confiaba en poder completar su tarea ha pasado a la historia.

El Gobierno estatal es una dirección postal a la que los habitantes de una sociedad cada vez más privatizada y desregulada no suelen hacer llegar sus quejas y condiciones. Les han dicho muchas veces que confíen en su propio ingenio, habilidad y esfuerzo, que no esperen que la salvación les caiga del cielo: que se culpen a sí mismos, a su propia pereza e indolencia, si tropiezan o se rompen una pierna en el camino individual hacia la felicidad. Se los puede excusar por pensar que los poderes existentes se han lavado las manos de toda responsabilidad por su destino (con la posible excepción de encerrar a los pedófilos, limpiar las calles de rateros, vagabundos, mendigos y otros indeseables, y acorralar a los sospechosos de terrorismo antes de que se conviertan en verdaderos terroristas). Se sienten abandonados a su suerte —dolorosamente caprichosa— y a su dudosa iniciativa.

¿Y qué soñarán o harán, si se les da la oportunidad, las personas abandonadas, desocializadas, atomizadas y solitarias? Una vez cerrados los grandes puertos o destruidos los espigones que los hacían seguros, los desventurados marinos querrán construir y cercar pequeños refugios donde atracar y donde depositar sus afligidas y frágiles identidades. Al no confiar ya en la red de navegación pública, vigilarán celosamente el acceso a esos puertos privados para que no entre en ellos ningún intruso.

Para las mentes sensatas no hay ningún misterio en el espectacular crecimiento de los fundamentalismos, que son de todo menos desconcertantes o inesperados. Heridos por la experiencia del abandono, los hombres y las mujeres de nuestro tiempo sospechan que son peones en el juego de otros, que están desprotegidos frente a las estrategias de los grandes jugadores, y que son fácilmente repudiados y arrojados al cubo de la basura cuando los grandes jugadores ya no los consideran rentables. El *fantasma de la exclusión* acecha a los hombres y a las mujeres de nuestro tiempo. Son conscientes —como nos recuerda conmovedoramente Hauke Brunkhorst— de que millones de personas ya han sido excluidas, y de que para «aquellos que quedan fuera del sistema, ya sea en la India, en Brasil o en África, o incluso, como sucede en la actualidad, en muchos barrios de París o Nueva York, el resto del mundo se vuelve pronto inaccesible».[16] Y por eso temen quedarse solos sin nadie que los aprecie ni los ayude, y echan mucho de menos el calor, la comodidad y el amparo de la solidaridad.

No es de extrañar que para muchas personas la promesa fundamentalista de «nacer de nuevo» en un hogar parecido a una familia, cálido y seguro, sea una tentación a la que es difícil resistirse. Tal vez habrían preferido algo distinto de la terapia fundamentalista —una seguridad que no requiera borrar su identidad ni renunciar a su libertad de elección—, pero nadie les ofrece esa seguridad. El «patriotismo constitucional» no es una opción realista, mientras que una comunidad fundamentalista parece seductoramente sencilla. Y por eso se sumergen en su calidez de inmediato, aunque sepan que luego tendrán que pagar por esa felicidad. Al fin y al cabo, ¿no se han criado en una sociedad de tarjetas de crédito que eliminan la espera del deseo?

Benedetto Vecchi: Con la globalización, la identidad se convierte en un asunto candente. Los símbolos desaparecen, las biografías se convierten en rompecabezas de difícil e incierta solución. Sin embargo, el problema no son las piezas sueltas de este mosaico, sino la forma de encajarlas. ¿Qué opinas sobre esto?

Zygmunt Bauman: Me temo que tu metáfora del rompecabezas es esclarecedora solo en parte. Sí, hay que construir la identidad personal (¿las identidades?) de la misma manera que se hace un dibujo con piezas de rompecabezas, pero la biografía solo puede compararse con un puzle *defectuoso*, en el que faltan bastantes piezas (y uno nunca sabrá exactamente cuántas). Un rompecabezas que compras en una tienda viene en una caja, con la imagen final claramente impresa en la tapa, y con la garantía de que todas las piezas necesarias para reproducir esa imagen están dentro de la caja y de que con ellas no se puede componer otra imagen; y así, puedes consultar la imagen de la tapa después de cada paso para asegurarte de que vas por el camino correcto (el *único* correcto) hacia un destino conocido de antemano y para saber cuánto trabajo te falta.

Cuando estás creando lo que va a ser tu identidad no cuentas con ninguna de esas facilidades. Sí, tienes sobre la mesa un montón de piezas que esperas organizar para formar un todo coherente, pero la imagen que debería aparecer al final no la conoces de antemano, por lo que no sabes si tienes todas las piezas que necesitas para formarla, si has elegido las correctas, si las has puesto todas en su sitio ni si tienen cabida en el resultado final. Podemos decir que la solución de los rompecabezas comprados en una tienda *persigue un objetivo*: comienzas, por así decirlo, desde la línea de meta, desde la imagen final que ya conoces, y luego vas sacando piezas de la caja e intentas enlazarlas. En todo momento confías en que, con esfuerzo, encontrarás el lugar adecuado para cada pieza y la pieza adecuada para cada lugar. Antes de empezar, ya sabes que están todas las piezas y que van a encajar unas con otras. En el caso de la identidad, las cosas no son así: todo el trabajo *persigue unos medios*. No partes de la imagen final, sino de una serie de fragmentos que ya tienes o que en teoría vale la pena tener, y luego intentas averiguar cómo ordenarlos y reordenarlos para obtener algunas (¿cuántas?) imágenes bonitas. Estás *experimentando con lo que tienes*. El problema no es lo que necesitas para «llegar allí», para llegar al punto que quieres alcanzar, sino cuáles son los puntos que puedes alcanzar con los recursos de los que dispones, y cuáles merecen la pena el esfuerzo. Podemos decir que el montaje de rompecabezas sigue la lógica de la racionalidad *instrumental* (elegir los medios adecuados para un fin determinado); la construcción de la identidad, en cambio, se guía por la lógica de la racionalidad *finalista* (averiguar cuán valiosos son los fines que puedes alcanzar con los medios de que dispones). El trabajo de un constructor de identidades es, como diría Claude Lévi-Strauss, como el de un aficionado al bricolaje, que crea todo tipo de cosas con el material que tiene a mano...

No siempre fue así. Desde que la modernidad reemplazó el *patrimonio* premoderno (que determinaba la identidad en función del nacimiento y, por tanto, en contadas ocasiones daba pie a que uno se preguntara «¿quién soy yo»?) por las *clases*, las identidades se convirtieron en tareas que los individuos debían realizar, como sugieres con razón, a través de sus biografías. Como dijo acertadamente Jean-Paul Sartre, para ser burgués no basta con nacer burgués, hay que vivir toda la vida como un burgués. Cuando se trata de la pertenencia a una clase, hay que *de-*

mostrar con hechos, con «toda una vida» —no solo esgrimiendo un certificado de nacimiento—, que se pertenece realmente a la clase a la que se dice pertenecer. Si no aportas una prueba tan irrefutable, puedes perder la adscripción a una clase y convertirte en un desclasado.

Durante la mayor parte de la era moderna estaba bien claro en qué debía consistir esa prueba. Cada clase tenía, digamos, una trayectoria profesional, un sendero inequívocamente trazado, señalizado a lo largo del camino y jalonado por mojones que permitían a los caminantes saber por dónde iban. Había pocas dudas sobre la forma de vida que había que llevar para ser, por ejemplo, un burgués, y para que lo reconocieran a uno como tal. Esa forma parecía haber sido tallada para siempre. Podías seguir la trayectoria paso a paso y recibir los distintivos de clase en su orden correcto y «natural», sin preocuparte de que alguien cambiara de sitio las señales o les diera la vuelta antes de finalizar el viaje.

Establecer la identidad como tarea y objetivo del trabajo de toda una vida era, en comparación con la adscripción premoderna al patrimonio, un acto de liberación; una liberación de la inercia de los modos tradicionales, de las autoridades inmutables, de las rutinas preestablecidas y de las verdades incuestionables. Pero, como señaló Alain Peyrefitte en su minucioso estudio histórico,[17] esa nueva e inédita libertad de autoidentificación y confianza en los demás que siguió a la descomposición del sistema estamental llegó acompañada de una insólita confianza en uno mismo y en los demás, así como en las ventajas de la compañía de otros —a la que se dio el nombre de *sociedad*—: en su sabiduría colectiva, en la seriedad de sus consignas, en la solidez de sus instituciones. Para atreverse a asumir riesgos, para tener el valor de tomar decisiones, se necesita esa triple confianza (en uno mismo, en los demás y en la sociedad). Hay que creer que la confianza en las decisiones *sociales* es una buena inversión y que el futuro parece seguro; lo que hace falta es que la sociedad actúe como un árbitro, no como otro jugador que no suelta prenda y a quien le gusta cogerte desprevenido...

Los observadores más perspicaces de la vida moderna advirtieron muy pronto, ya en siglo XIX, que esa confianza no era tan sincera como insinuaba la «versión oficial», que intentaba convertirse en el credo dominante, tal vez el único. Uno de esos agudos observadores fue Robert Musil, quien a principios del siglo pasado señaló que «la sociedad ya no funciona correctamente», desde el momento en que las personas «alcanzaron las cumbres de la sofisticación».[18] La delegación de la toma de decisiones en los ciudadanos, el desmantelamiento de las señales y la eliminación de los jalones, sumados a la creciente indiferencia de las máximas autoridades con respecto a la naturaleza de las decisiones y a su viabilidad, fueron dos tendencias presentes desde el principio en el «reto de la autoidentificación». Con el paso del tiempo, las dos tendencias, estrechamente entrelazas y mutuamente beneficiosas, cobraron fuerza, aunque fuesen mal vistas, denostadas y censuradas por considerarlas evoluciones preocupantes e incluso patológicas.

La principal fuerza motriz de ese proceso ha sido siempre la rápida «licuefacción» de los marcos sociales y las instituciones. Ahora estamos pasando de la fase *sólida* de la modernidad a la fase *líquida*; y los *fluidos* se llaman así porque no pueden conservar su forma durante mucho tiempo y, a menos que se viertan en un recipiente rígido, siguen cambiando de forma en cuanto se ejerce sobre ellos la más ligera presión. En un entorno fluido, nadie sabe si va a haber una inundación o una sequía; es mejor estar preparados para ambas eventualidades. No hay que esperar que los marcos, cuando (si) están disponibles, duren mucho tiempo. No podrán aguantar todas esas filtraciones, goteos, chorreos y derrames: más pronto que tarde se empaparán, se ablandarán, se retorcerán y se descompondrán. Las respetadas autoridades de hoy serán ridiculizadas, desairadas o despreciadas mañana; se olvidará a los famosos; de los ídolos que marcan tendencias solo se acordará la gente en los concursos de televisión; las deseadas novedades terminarán en el vertedero; las causas eternas serán desplazadas a codazos por otras causas que proclamarán igualmente su eternidad (aunque, después de haberse pillado demasiadas veces los dedos, la gente ya no se creerá sus explicaciones); los poderes indestructibles se desvanecerán y se disiparán; las poderosas instituciones políticas o económicas serán engullidas por otras aún más poderosas, o simplemente desaparecerán; los valores seguros se convertirán en valores para tontos, las prometedoras carreras profesionales se transformarán en callejones sin salida. Es como habitar en un universo de Escher, donde nadie sabe, en ningún momento, si está subiendo monte arriba o si está rodando por la pendiente.

Ya nadie cree que la sociedad sea un árbitro con principios, en ocasiones severo y despiadado, pero, en el fondo, justo, de los ensayos humanos. Más bien se parece a ese jugador con cara de póquer, especialmente sagaz, astuto y artero en la timba de la vida, que hace trampas en cuanto tiene la mínima oportunidad y que se salta las reglas siempre que puede; en resumen, un maestro de los trucos sucios que casi siempre coge desprevenidos a todos o casi todos los jugadores. Su poder ya no radica en una coacción directa: la sociedad no da órdenes sobre cómo vivir y, si las diera, poco le importaría que se obedecieran o no. Lo único que quiere de ti la sociedad es que no abandones la partida y que tengas fichas suficientes para seguir jugando.

La fuerza y el poder que la sociedad ejerce sobre los individuos reside ahora en que es «indeterminable», en su carácter evasivo, en su versatilidad y volatilidad, en la desconcertante imprevisibilidad de sus acciones, en la destreza houdiniana con la que escapa de cualquier jaula y en la habilidad con que defrauda las expectativas y se desdice de sus promesas, proclamadas abiertamente o astutamente insinuadas. Lo que hay que hacer con un jugador tan errático y esquivo es ganarle en su propio terreno...

Don Juan (tal como lo retratan Molière, Mozart o Kierkegaard) puede ser considerado el inventor de esa estrategia. Según admite el propio don Juan de Molière, el encanto del amor reside en el cambio incesante. El secreto de las conquistas del don Giovanni de Mozart, en opinión de Kierkegaard, era su habilidad para terminar deprisa y comenzar de nuevo. Don Giovanni se halla en un estado de creación perpetua de sí mismo. En opinión de Ortega y Gasset, don Juan/don Giovanni era una verdadera reencarnación de la espontaneidad de la vida, y eso lo convertía en la manifestación más elevada del malestar básico, de las preocupaciones y angustias de los seres humanos modernos. Todo ello llevó a Michel Serres (en «La aparición de Hermes», en su *Hermes*) a considerar a don Juan como el primer héroe de la modernidad. Siguiendo el consejo de Camus (quien observó que a un seductor donjuanesco no le agrada mirar retratos), Beata Frydryczak, perspicaz filósofa de la cultura, ha señalado que este «héroe de la modernidad» no podía ser un coleccionista, puesto que para él lo que contaba era solo el «aquí y ahora», el momento fugaz. En el caso de que coleccionara algo, coleccionaría sensaciones, emociones, *Erlebnisse*.[19] Y las sensaciones son por naturaleza tan frágiles y efímeras, tan volátiles, como las situaciones que las provocan. La estrategia del *carpe diem* es una respuesta a un mundo desprovisto de valores que pretenden ser eternos.

De lo que se sigue (creo) que tu sugerencia de que el problema es «la forma en que» (los diversos fragmentos que componen la identidad supuestamente cohesionada) «encajan entre sí» es reveladora pero incorrecta. Encajar los fragmentos y las piezas en una totalidad coherente y cohesionada a la que llamamos *identidad* no parece ser la principal preocupación de nuestros contemporáneos, a los que han puesto forzosa e irremediablemente en un aprieto donjuanesco y se ven, por tanto, obligados a adoptar la estrategia de don Juan. Tal vez eso no les preocupe lo más mínimo. Una identidad *cohesionada*, fuertemente afianzada y sólidamente construida sería una carga, una restricción y un impedimento para la libertad de elección. Presagiaría una incapacidad para desbloquear la cerradura cuando la próxima oportunidad llamase a la puerta. En resumen, sería una fórmula en favor de la *inflexibilidad*, en favor de una situación que sigue siendo menospreciada, ridiculizada o condenada por todas las «autoridades» —los medios de comunicación, los expertos en problemas humanos y los líderes políticos— por oponerse a una actitud prudente, acertada y prometedora ante la vida, siendo una situación de la que casi todos recomiendan desconfiar y que, en la medida de lo posible, conviene evitar.

Para la gran mayoría de los habitantes de un moderno mundo líquido, aquellas actitudes consistentes en mantener la cohesión, acatar las normas, atenerse a los precedentes y seguir siendo fieles a la lógica de la continuidad en vez de flotar en un mar de dudosas y efímeras oportunidades no son opciones prometedoras. Si algunas personas (casi nunca por voluntad propia) las adoptan, enseguida se habla de marginalidad social y del estigma de una vida infructuosa, de derrota, de escaso valor, de inferioridad social. En la conciencia colectiva, tienden a asociarse con la vida en la cárcel o en un gueto urbano, con la adscripción a la detestable y aborrecida clase inferior o con el confinamiento en campos de refugiados apátridas...

Los proyectos a los que uno juraría lealtad para toda la vida, una vez elegidos y adoptados (Jean-Paul Sartre, hace solo medio siglo, recomendaba los *projets de la vie*), tienen mala prensa y han perdido su atractivo. La mayoría de las personas, si se las presiona, dirían que son contraproducentes y que, sin duda, no tomarían esa decisión a la ligera. Eso es como seguir *encajando* piezas todo el tiempo; no se puede hacer otra cosa. ¿Y si las encajamos de una vez por todas, si encontramos la forma de poner fin a esa monotonía? No, gracias, eso es algo de lo que se podría prescindir.

Al final de una vida dedicada a plasmar la armonía perfecta de los colores puros y la geometría inmaculada (la perfección, siendo un estado que no se puede mejorar, descarta cualquier modificación posterior), Piet Mondrian, el gran poeta visual de la modernidad sólida, pintó *Victory Boogie-Woogie*: una feroz y tumultuosa cacofonía de formas amorfas y estridentes tonos rojos, naranjas, rosas, verdes, azules...

Benedetto Vecchi: Una de las consecuencias de estas transformaciones es el resurgimiento del nacionalismo. Así pues, si las biografías se llenan de piezas de rompecabezas, lo que nos queda es la paradoja de que la palabra *comunidad* (*Gemeinschaft*) vuelva a entrar inevitablemente en la conversación. ¿Es una paradoja, o, por el contrario, son complementarios estos fenómenos?

Zygmunt Bauman: De nuevo, no estoy seguro de que tu diagnóstico sea correcto al cien por cien. Es cierto que los diversos movimientos en busca de comunidad/reconocimiento que están apareciendo últimamente en países en los que la «cuestión nacional» parecía resuelta hace unos cien años (y por mucho tiempo, tal vez por fin y para siempre) suelen interpretarse habitualmente como el «resurgimiento del nacionalismo». Cuando se desató el infierno en los Balcanes tras el desmoronamiento del Estado unitario yugoslavo, Tom Nairn resumió la visión dominante de los acontecimientos como la reaparición de una fuerza oscura, arcaica, atávica e irracional, adormecida hasta hacía poco y que se creía ya difunta, pero que al parecer no estaba muerta irrevocablemente y que ahora, una vez más, «obliga a los pueblos a anteponer la sangre al progreso razonable y a los derechos individuales».[20] La pregunta que este y otros diagnósticos similares nos llevaron a plantearnos fue: «¿Por qué se levantaron los muertos vivientes?». Es la pregunta que las películas de zombis y vampiros no dejan de hacerse; una pregunta tan engañosa e inconcebible como la propia idea de «resurgir de entre los muertos» o la milagrosa conservación del odio primitivo en el congelador del inconsciente colectivo. Aunque es fácil comprender por qué se ha usado un nombre antiguo para designar fenómenos nuevos y poco conocidos, recurrir a redes de pesca conceptuales que se utilizaban cada vez que aparecían extrañas criaturas marinas, nunca antes vistas, es, al fin y al cabo, un hábito común y consagrado. Pero deberíamos tener en cuenta la advertencia de Derrida y ser conscientes de que solo podemos usar conceptos antiguos, inevitablemente repletos de significados anacrónicos, *sous rature*.

Hay dos razones evidentes para explicar esta nueva cosecha de reivindicaciones de autonomía o independencia, erróneamente llamadas *resurgimiento del nacionalismo* o *resurrección/renacimiento de las naciones*. Una de ellas es el sincero y desesperado, aunque erróneo, intento de encontrar protección contra los vientos globalizadores (a veces gélidos, a veces abrasadores), una protección que las murallas en ruinas del Estado nación ya no pueden garantizar. La otra es un replanteamiento del pacto tradicional entre nación y Estado, que solo cabe esperar en un momento en que los Estados, cada vez más debilitados, tienen menos ventajas que ofrecer a cambio de la lealtad exigida en nombre de la solidaridad nacional. Como puedes ver, ambas razones sugieren que el factor principal es la *erosión de la soberanía estatal*. Los movimientos de los que hablamos expresan el deseo de reajustar la estrategia heredada de la búsqueda de intereses comunes por medio de la creación de nuevas oportunidades y nuevos actores en el juego de poder. Podemos (y debemos) ver con malos ojos el afán separatista de estos movimientos, podemos condenar los odios tribales que siembran y lamentar los amargos frutos de la siembra, pero difícilmente podremos acusarlos de irracionales o desestimarlos como un simple condicionamiento histórico. Si hacemos eso, nos arriesgamos a confundir lo que hay que explicar con la explicación misma.

Los escoceses «redescubrieron» con fervor patriótico su nacionalidad cuando el Gobierno de Londres empezó a embolsarse los beneficios de la venta de licencias para la extracción de petróleo frente a las costas de Escocia (ese renacido nacionalismo empezó a perder muchos patriotas recién reclutados en cuanto comenzó a verse el fondo bajo las plataformas petrolíferas del mar del Norte). Cuando el Gobierno de Roma empezó a debilitarse, y la lealtad al Estado unitario dejó de ser una ventaja para ellos, los habitantes del próspero norte de Italia se preguntaron por qué había que rescatar de la pobreza, todos los años y a costa de los norteños, a los pobres, desventurados y perezosos calabreses o sicilianos, a lo que siguió de inmediato el cuestionamiento de la identidad nacional italiana.

Ante los primeros indicios de la inminente desaparición del Estado yugoslavo, los eficientes y acomodados eslovenos se preguntaron por qué había que seguir desviando su riqueza hacia las zonas menos afortunadas de la alianza eslava, pasando primero por las manos de los burócratas de Belgrado. Recordemos también que fue el canciller alemán Helmut Kohl quien expresó *antes que nadie* la opinión de que Eslovenia merecía un Estado independiente por ser *étnicamente homogénea*: aquello podía ser la chispa que hiciera estallar el polvorín balcánico de etnias, lenguas, religiones y alfabetos, convirtiéndolo en un frenesí de limpieza étnica.

La tragedia que siguió a continuación es bien conocida. Pero los supuestos «impulsos atávicos» no *brotaron* de las oscuras profundidades del inconsciente, donde hibernaban desde tiempos inmemoriales, a la espera de que llegase el momento de despertar. Hubo que *darles sentido* con mucho esfuerzo, predisponiendo astutamente a un vecino en contra de otro, a un pariente en contra de otro, y convirtiendo a todos los que iban a formar parte de la futura comunidad en cómplices activos o en encubridores. El asesinato de los vecinos de al lado, las violaciones, la brutalidad, la muerte de los indefensos —rompiendo uno a uno los tabúes más sagrados, y haciéndolo a la vista de todos— eran, de hecho, actos de *creación* de comunidad: galvanizar a una comunidad unida por el recuerdo del *delito original*. Una comunidad que podía estar razonablemente segura de su supervivencia por haberse convertido en el único escudo que impedía considerar a los culpables unos criminales en vez de unos héroes, que impedía llevarlos ante la justicia para que los castigasen. Pero ¿por qué obedeció la gente a ese llamamiento a la guerra? ¿Por qué se volvieron unos vecinos contra otros?

El rápido y espectacular colapso del Estado que servía de marco para las relaciones vecinales fue, sin duda, una experiencia traumática, un buen motivo para temer por la propia seguridad. Entre las ruinas de la estructura supervisada por el Estado creció y se asilvestró la maleza de la angustia. Lo que siguió fue una auténtica «crisis social», y, como explica René Girard, en una situación de crisis social, «la gente culpa inevitablemente a la sociedad en su conjunto, lo cual siempre sale gratis, o a otras personas que parecen especialmente dañinas por razones fáciles de entender». En una situación de crisis social, los individuos asustados se agrupan y se convierten en una multitud, y «la multitud, por definición, busca la acción, pero no puede influir en las causas naturales [de la crisis]. Busca, por tanto, una causa verosímil que mitigue su sed de violencia». El resto es bastante confuso, pero fácil de conseguir y de entender: «Para poder culpar a las víctimas de la pérdida de singularidades como consecuencia de la crisis, se las acusa de delitos que eliminan esas singularidades. Pero en realidad se las identifica como víctimas perseguibles porque llevan la marca de las víctimas».[21]

Cuando el mundo cotidiano salta en pedazos, uno de los efectos más inquietantes y desalentadores es el montón de escombros que ocultan las fronteras y la lluvia de chatarra y escoria que destroza las señales. No se teme ni se odia a las posibles víctimas por ser diferentes, sino por *no ser lo bastante diferentes*, por confundirse demasiado fácilmente con la multitud. La violencia es necesaria para que sean espectacular, inequívoca y ostentosamente diferentes. Entonces, destruyéndolas, se puede eliminar, con un poco de suerte, el agente contaminante que difumina las diferencias, y, por tanto, se puede recrear un mundo ordenado en el que todos sepan quiénes son y en el que las identidades ya no sean frágiles, inciertas y precarias. Así pues, fiel al modelo moderno, toda destrucción es aquí una destrucción *creadora*: una guerra santa del orden contra el caos, una acción con propósito, una labor de construcción del orden...

No nos equivoquemos: la crisis social provocada por la pérdida de los medios convencionales de protección colectiva no es una especialidad balcánica. Con diferentes grados de intensidad y condensación, se trata de algo que afecta a todo este planeta en rápida globalización. Sus consecuencias en los Balcanes pueden haber sido inusualmente graves, pero hay muchos lugares en los que se están poniendo en funcionamiento mecanismos similares. Puede que las cosas no lleguen tan lejos como en los Balcanes y que la tragedia se silencie, siendo en ocasiones inaudible, pero el carácter compulsivo de unos deseos y unas necesidades similares incitan a la gente a actuar cada vez que se perciben los perturbadores efectos de la crisis social.

El objetivo más extendido y codiciado es la excavación de profundas trincheras, a ser posible infranqueables, entre el «interior» de una localidad territorial o categorial y el «exterior». En el exterior: tempestades, huracanes, gélidos vendavales, emboscadas en el camino y peligros por doquier. En el interior: comodidad, calidez, seguridad, protección. Puesto que para dar seguridad a todo el planeta (a fin de que ya no tengamos que alejarnos del inhóspito «exterior») carecemos (o al menos creemos carecer) de las herramientas y las materias primas adecuadas, vamos a limpiar, vallar y fortificar una parcela que sea claramente nuestra y de nadie más, una parcela dentro de la cual nos sintamos los únicos e indiscutibles amos. El Estado ya no puede alegar que tiene suficiente poder para proteger su territorio y a sus habitantes. Así que la tarea que el Estado ha abandonado y desechado está sobre el terreno, esperando a que alguien la recoja. Lo que sigue a continuación no es, en contra de la opinión generalizada, un renacimiento o incluso una venganza póstuma del nacionalismo, sino una búsqueda desesperada, aunque inútil, de *soluciones locales sustitutorias para problemas globales*, en una situación en la que ya no se puede contar con la ayuda de los organismos estatales convencionales.

La diferencia entre el artificio republicano del consenso ciudadano y la membresía/pertenencia «natural» se remonta a la *querelle* del siglo XVIII y principios del XIX entre los filósofos franceses de la Ilustración y los románticos alemanes (Herder, Fichte), los teóricos del *Volk* y del *Volksgeist*, que invalida todas las identidades artificiales y todas las distinciones que puedan legislarse sobre las relaciones humanas. Esos dos conceptos de nacionalidad adquirieron una forma canónica en la oposición que Friedrich Meinecke estableció entre *Staatsnation* y *Kulturnation* (1907). Geneviève Zubrzycki resumió su estudio de las definiciones vigentes en los debates políticos y científico-sociales oponiendo los modelos o interpretaciones «cívicos» y «étnicos» del fenómeno de *nación.*

> Según el modelo cívico de nacionalidad, la identidad nacional es puramente política; no es más que la decisión del individuo de pertenecer a una comunidad basada en la asociación de individuos afines. Por el contrario, la versión étnica sostiene que la identidad nacional es puramente cultural. La identidad viene dada con el nacimiento; es una condición impuesta.[22]

La oposición se da, en última instancia, entre la pertenencia por *asignación primordial* o por *decisión*. Se da, en términos prácticos, entre un *hecho bruto* que precede a los pensamientos y las decisiones de los seres humanos —un hecho que, según el modelo de las características genéticas del cuerpo humano, se puede distorsionar, emparchar u ocultar de algún modo, pero no eliminar ni «deshacer»— y una *asamblea* de la que, como en un club o en una asociación voluntaria, uno puede hacerse socio o darse de baja a voluntad y cuya forma, carácter y funcionamiento están siempre abiertos a la deliberación y renegociación por parte de sus miembros.

Pero permíteme observar que la palabra *cultural*, con la que hoy en día solemos describir el primero de los dos modelos, es un término inapropiado, impuesto por la moda de la «corrección política». Al fin y al cabo, el término *cultura* entró en nuestro vocabulario hace dos siglos con un significado diametralmente opuesto: como antónimo de *naturaleza*, para designar aquellos rasgos humanos que, en marcado contraste con los obstinados hechos de la naturaleza, son productos, sedimentos o efectos secundarios de las *decisiones humanas*. Puesto que los hizo el hombre, en principio este también puede deshacerlos.

Permíteme señalar también que el concepto de *Romanticismo* se originó en una «nación sin Estado» —la Europa central de lengua alemana, dividida en innumerables y, en su mayoría, minúsculas unidades políticas—, mientras que el concepto republicano de *Ilustración* se concibió en un «Estado sin nación», un territorio con una administración dinástica cada vez más centralizada que se esforzaba por introducir cierta coherencia en un conglomerado de etnias, dialectos y «culturas locales»: costumbres, creencias, usanzas, mitologías, calendarios. Esos dos conceptos no representan dos tipos alternativos de nacionalidad, sino dos falsas interpretaciones de la naturaleza de la solidaridad humana en las diversas fases de convivencia, compromiso, matrimonio y divorcio entre la nación y el Estado. Cada interpretación refleja un objetivo y una práctica política un tanto diferente. Una se adapta mejor a las necesidades de la reivindicación del estatalismo, mientras que la otra facilita los intentos de «construcción nacional» del Estado político.

Ante la actual separación y el inminente divorcio entre Estado y nación —mientras el Estado político abandona sus ambiciones asimilatorias, manifiesta su neutralidad con respecto a las opciones culturales y se lava las manos ante el carácter cada vez más «multicultural» de la sociedad que debe administrar—, no es de extrañar que las concepciones «culturales» de la identidad vuelvan a ponerse de moda entre los grupos que buscan refugios estables y seguros en medio de tanto cambio e incertidumbre.

A las personas inseguras, perplejas, confusas y asustadas por la inestabilidad del mundo en el que viven, la «comunidad» les parece una alternativa tentadora. Es un dulce sueño, una visión beatífica de tranquilidad, seguridad física y paz espiritual. Para las personas que forcejean en la tupida red de restricciones, prescripciones y proscripciones, las personas que luchan por la libertad de elección y la autoafirmación, la misma comunidad que exige lealtad incondicional y que vigila atentamente sus entradas y salidas es, por el contrario, una pesadilla: una visión del infierno o de la cárcel. El caso es que todos estamos, simultánea o intermitentemente, abrumados por el «exceso de responsabilidad» y deseosos de «más libertad», que no puede sino aumentar nuestras responsabilidades. Para la mayoría de nosotros, por tanto, es un Jano bifronte, un fenómeno totalmente ambiguo, deseado u odiado, deseado *y* odiado, atractivo o repugnante, atractivo *y* repugnante. Es una de las opciones más inquietantes, sobrecogedoras y exasperantes a las que nosotros, los habitantes del moderno mundo líquido, nos enfrentamos todos los días.

Benedetto Vecchi: En esta remodelación, incluso las formas básicas de relación social sufren una mutación. Desde las relaciones amorosas hasta la religión, todo se vuelve inestable, líquido. Pero ¿cómo cambian las relaciones amorosas?

Zygmunt Bauman: Acabas de poner el dedo en la llaga de otra formidable ambivalencia de nuestros líquidos tiempos modernos. Las relaciones interpersonales, con todo lo que las acompaña —el amor, las parejas, los compromisos, el reconocimiento mutuo de derechos y obligaciones—, son al mismo tiempo objeto de atracción y aprensión, de deseo y temor; espacios de duplicidad y vacilación, de angustia y reflexión. Como ya he sugerido en otro lugar (en *Amor líquido*), después del «hombre sin atributos» de Robert Musil llegó nuestro «hombre sin relaciones». La mayoría de nosotros, la mayor parte del tiempo, tenemos dudas acerca de la nueva «vida sin ataduras», de las relaciones «sin compromiso». Las codiciamos y las tememos al mismo tiempo. No daríamos marcha atrás, pero nos sentimos incómodos donde estamos ahora. No estamos seguros de cómo establecer las relaciones que deseamos; aun es más, no estamos seguros de qué tipo de relaciones queremos...

Creo que Erich Fromm captó la esencia del dilema cuando observó que «no se puede alcanzar la satisfacción en el amor individual [...] sin verdadera humildad, valentía, fe y disciplina», pero enseguida añadió con tristeza que en «una cultura en la que esas cualidades escasean, llegar a ser capaces de amar seguirá siendo una rareza».[23] Amar significa estar dispuesto a compartir y combinar dos biografías, cada una de las cuales lleva una carga diferente de experiencias y recuerdos, y sigue su propio curso; significa, por la misma razón, un acuerdo con el futuro y, por tanto, con una *gran incógnita.* Dicho de otro modo, como observó Lucano hace dos mil años y repitió Francis Bacon muchos siglos después, significa entregar rehenes al destino. Significa también hacerse dependiente de otra persona dotada de la misma libertad de elección y, por tanto, de una persona imprevisible y llena de sorpresas.

Mi deseo de amar y ser amado solo se cumplirá si estoy verdaderamente dispuesto a sentirlo con todas sus consecuencias, a poner en peligro incluso mi propia libertad para que nadie cercene la libertad de la amada. En *El banquete* de Platón, Diotima de Mantinea (la profetisa que honra a Zeus o es honrada por él) le dijo a Sócrates, con la aprobación incondicional de este, que «el amor no es para lo bello, como tú crees [...]. Es para engendrar y dar a luz en lo bello». Amar es el deseo de «engendrar y procrear», y por eso el amante va en busca de lo bello en lo que pueda engendrar. Dicho de otro modo, el amor no encuentra su sentido en el ansia por las cosas ya hechas, acabadas y completas, sino en la necesidad de participar en el devenir de tales cosas. El amor es afín a la trascendencia; no es más que otro nombre del impulso creador y, como tal, está plagado de peligros, como todos los procesos de creación, que nunca se sabe adónde llevarán.

Terminamos con una paradoja. Comenzamos con la esperanza de hallar una solución, pero solo encontramos nuevos problemas. Buscamos amor y encontramos socorro, confianza y seguridad, pero los interminables trabajos de amor crean nuevas confrontaciones, incertidumbres e inseguridades. En el amor no hay soluciones rápidas, ni respuestas definitivas, ni seguridad de satisfacción plena, ni garantía de devolución en caso de que el bienestar no sea completo e inmediato. Ninguna de esas garantías contra posibles riesgos que la sociedad de consumo nos ha acostumbrado a dar por sentadas está presente en el amor. Pero, engatusados por las falaces promesas de los comerciantes, hemos perdido la capacidad de afrontar los riesgos nosotros solos. Y por eso somos proclives a aporrear las relaciones amorosas a la manera «consumista», la única con la que nos sentimos cómodos y seguros.

El «estilo consumista» exige que la satisfacción sea inmediata, mientras que el solo valor, el único «uso», de los objetos es su capacidad de satisfacernos. Una vez que la satisfacción se acaba (por el desgaste natural de los objetos, porque cada vez los tenemos más vistos o porque nos ofrecen sustitutos nuevos y, por tanto, más interesantes), no hay razón para abarrotar la casa de trastos inútiles.

Uno de los regalos de Navidad que más ilusión hace a los niños ingleses es un perro (habitualmente un cachorro). Sobre la difícil situación por la que está pasando esa costumbre, Andrew Morton comentó recientemente que los perros, tan adaptables a los entornos y las costumbres humanas, «deberían empezar a reducir su esperanza de vida, que es aproximadamente de quince años, a algo más acorde con la atención que se les presta: pongamos que unos tres meses (ese es el tiempo medio que tardan sus dueños en ponerlos de patitas en la calle, después de haberlos acogido con tanta alegría). Un gran porcentaje de las personas que echan de casa a sus animales de compañía «se libran de ellos para hacer sitio a otro perro que esté más de moda».[24]

Lo mismo que ocurre con los animales de compañía, así también sucede con los compañeros de vida. Barbara Ellen, una columnista del *Observer Magazine*, habla de «dejar a la pareja» como de un hecho normal. «Siempre se nos dice que la muerte es una parte importante de la vida. Del mismo modo, ¿no es la ruptura una parte importante de la relación?».[25] Ahora se considera, al parecer, que la ruptura es un hecho tan «natural» como la muerte lo es para la vida, ya que las relaciones, antaño codiciadas como pasaje a la eternidad, se han vuelto ellas mismas fisíparas y mortales, aquejadas efectivamente de una esperanza de vida mucho más corta que la de las personas que las establecieron solo para volver a romperlas. Otro ingenioso columnista británico sugirió que casarse es como «emprender un viaje por mar en una balsa hecha de papel secante».

Animales o personas, mascotas o parejas, ¿acaso importa? Todos están aquí para lo mismo: proporcionar satisfacción (al menos, para eso los tenemos). Si no la proporcionan, entonces no tienen ninguna finalidad y, por tanto, ninguna razón para estar aquí. Anthony Giddens sugirió que la antigua idea romántica del amor como vínculo indisoluble «hasta que la muerte nos separe» ha sido sustituida, a lo largo del proceso de liberación individual, por el *amor confluente*: una relación que dura solamente lo que dure la satisfacción de ambos miembros de la pareja. En el caso de las relaciones, quieres que el «permiso para entrar» vaya acompañado de un «permiso para salir» en cuanto ya no veas motivo alguno para quedarte.

Giddens considera que ese cambio en la naturaleza de las relaciones es liberador: ahora los miembros de la pareja son libres de ir a buscar la satisfacción en otra parte si no la sienten, o dejan de sentirla, en la relación actual. Lo que Giddens no menciona, sin embargo, es que, como para iniciar una relación de pareja es necesario el consentimiento de dos personas, mientras que para ponerle fin basta con la voluntad de uno de sus miembros, todas las relaciones de pareja están abocadas a cargarse constantemente de ansiedad: «¿Y si el otro se aburre antes que yo?». Otra consecuencia en la que Giddens no repara es que la disponibilidad de una salida fácil es en sí misma un obstáculo formidable para la plenitud del amor, pues hace que el esfuerzo a largo plazo que esa plenitud requiere resulte mucho menos probable, que se abandone mucho antes de llegar a una conclusión gratificante, que se rechace por ser «poco rentable» o que moleste por el precio que uno se ve obligado a pagar habiendo en el mercado sustitutivos aparentemente más baratos.

Tres meses es casi el tiempo máximo que los jóvenes aprendices de la sociedad de consumo son capaces de disfrutar, y luego soportar, la compañía de sus mascotas. Es probable que conserven ese hábito adquirido durante la edad adulta, cuando las personas sustituyen a los perros como objetos de su amor. Morton echa la culpa al acortamiento de la «capacidad de atención». Pero podríamos buscar las causas en otra parte. Si nuestros antepasados fueron formados y entrenados, ante todo, como productores, a nosotros se nos forma y se nos entrena en primer lugar como consumidores, y luego se nos enseña todo lo demás. Las características que se consideran positivas en un productor (la adquisición de hábitos, el mantenimiento de las costumbres, la tolerancia a los modelos de comportamiento repetitivos, la disposición a posponer la gratificación, la perpetuación de las necesidades) se convierten en los peores vicios de un consumidor. Si se conservaran o pasaran a ser una práctica común, pronto simbolizarían el toque de difuntos de la economía consumista.

La educación de un consumidor no es una campaña aislada o un logro definitivo. Comienza temprano, pero ocupa el resto de la vida; el desarrollo de los conocimientos consumistas es tal vez el único ejemplo fructífero de esa «educación continua» por la que abogan actualmente docentes y pedagogos. Las instituciones para la «educación permanente del consumidor» son innumerables y omnipresentes: desde la avalancha diaria de anuncios en la televisión, los periódicos y las vallas publicitarias, pasando por los montones de revistas «temáticas» que rivalizan por publicitar el estilo de vida de los famosos que marcan tendencias y los grandes maestros de las artes consumistas, hasta los lenguaraces expertos/consejeros que ofrecen novedosas fórmulas científicas para detectar y resolver los «problemas de la vida».

Detengámonos un momento en esos expertos especializados en proponer fórmulas para las relaciones humanas y en especial para las de pareja. «Hay que elogiar a las parejas semiindependientes porque son como revolucionarios que han reventado la asfixiante burbuja de las relaciones de pareja», escribe uno de ellos en una prestigiosa revista de gran difusión. Otro experto/consejero informa a sus lectores de que «cuando te comprometes, por muy tibiamente que sea, debes tener en cuenta que probablemente estés cerrando la puerta a otras posibilidades románticas que tal vez sean más satisfactorias y enriquecedoras». Otro experto sugiere que a las relaciones, como a los coches, hay que hacerles una inspección técnica y retirarlas de la circulación si los informes son negativos. Y otro es aún más contundente: «Las promesas de entrega incondicional carecen de sentido a largo plazo [...]. Al igual que otras inversiones, las promesas son volátiles». Así pues, si quieres «relacionarte», guarda las distancias; si quieres que la convivencia sea satisfactoria, no hagas ni exijas compromisos. Deja las puertas abiertas en todo momento.

En definitiva, lo que deberíamos aprender de los expertos en relaciones humanas es que el compromiso, y especialmente el compromiso a largo plazo, es una trampa que aquellos que buscan «relacionarse» deberían evitar más que ninguna otra cosa. La capacidad de atención ha disminuido, pero aún más preocupante es la disminución del tiempo que dedicamos a prevenir y planificar. El futuro siempre ha sido incierto, pero nunca habíamos tenido la sensación de que su naturaleza volátil y caprichosa fuese tan inmanejable como en el moderno mundo líquido del trabajo «flexible», los frágiles vínculos humanos, los fluidos estados de ánimo, las amenazas veladas y ese interminable desfile de peligros camaleónicos. Nunca habíamos tenido la angustiosa sensación de que el futuro es, como sugirió Emmanuel Lévinas, «el otro absoluto»: inescrutable, impenetrable, incognoscible y, al final, inalcanzable para el ser humano.

En un mundo en el que se practica el desapego como estrategia habitual de la lucha por el poder y la autoafirmación, hay pocas cosas, si es que hay alguna, de las que pueda decirse con seguridad que van a durar. El «presente» no asegura el «futuro», y no hay nada en el presente que nos permita averiguar, y mucho menos visualizar, cómo serán las cosas por venir. El pensamiento a largo plazo y, más aún, los compromisos y las obligaciones a largo plazo parecen «carecer de sentido». Peor incluso, parecen contraproducentes y realmente peligrosos, como si fuesen un paso mal calculado, un lastre que hay que tirar por la borda y que, para empezar, habría sido mejor no subir a bordo.

Todo esto es muy preocupante, incluso aterrador. Los golpes dan de lleno en el corazón de nuestra forma de «ser en el mundo». Al fin y al cabo, el meollo de la identidad —la respuesta a la pregunta «¿quién soy yo?» y, lo que es más importante, la credibilidad permanente de las respuestas que se hayan dado a esa pregunta— no se puede formar si no es en referencia a los lazos que conectan el yo con otras personas y a la suposición de que esos lazos se mantienen a lo largo del tiempo. Necesitamos relaciones, relaciones en las que contemos para algo, relaciones a las que nos podamos referir para definirnos. Pero, a causa de los compromisos a largo plazo que indigna o inadvertidamente generan, las relaciones pueden estar, en un entorno líquido, plagadas de peligros. Aun así las necesitamos, las necesitamos mucho, y no solo a causa de la preocupación moral por el bienestar de los demás, sino también por nuestro propio bien, por el bien de la cohesión y la lógica de nuestro propio ser. Cuando se trata de iniciar y conservar una relación, *el miedo y el deseo compiten por imponerse el uno al otro*. Luchamos con ahínco por la seguridad que solo una relación estable (sí, estable y duradera) puede darnos. Sin embargo, una victoria nos produce tanto miedo como una derrota. Nuestra actitud hacia los vínculos humanos tiende a ser calamitosamente ambivalente, y hoy en día las probabilidades de resolver esa ambivalencia son bastante escasas.

No es fácil salir de este atolladero, y ciertamente no hay una solución milagrosa para el suplicio de la ambivalencia. Por eso buscamos ansiosamente soluciones posibles, soluciones a medias, soluciones temporales, paliativos y placebos; cualquier cosa que nos sirva para apartar las dudas que nos atenazan y las preguntas sin respuesta, para posponer el momento de la verdad y del ajuste de cuentas, lo cual nos permitiría seguir avanzando, aunque el lugar de destino esté, como mínimo, envuelto en la niebla.

Ya que no podemos confiar en la calidad, ¿encontraremos la salvación en la cantidad? Como toda relación es frágil, a lo mejor el recurso de multiplicar y amontonar relaciones hace que el terreno nos parezca menos traicionero. Menos mal que se pueden amontonar, precisamente porque cada una de ellas es quebradiza y desechable. Y por eso buscamos ayuda en las «redes», cuya ventaja con respecto a las relaciones de toda la vida es que la unión y la separación resultan igual de sencillas (un joven de Bath, de veintiséis años, me explicó hace poco que prefiere las «citas por internet» a los «bares de solteros» porque, si algo va mal, «basta con pulsar la tecla "borrar"»; en un encuentro cara a cara no te puedes librar tan fácilmente de una pareja que no te gusta). Y usamos nuestros teléfonos móviles para chatear y enviar mensajes a fin de sentir la comodidad de «estar en contacto» sin la incomodidad del «tocar». Sustituimos las pocas *relaciones* intensas que tenemos por un montón de *contactos* hueros y superficiales.

Supongo que los inventores y distribuidores de «móviles visuales», diseñados para enviar imágenes, además de voces y mensajes de texto, han calculado mal: no van a encontrar un mercado masivo para sus dispositivos. Supongo que la necesidad de mirar a los ojos, de «contacto virtual», de tener cercanía *visual* (aunque sea virtual), privará al chat de la principal ventaja que avivó el entusiasmo de los millones de personas que ansían «estar en contacto» manteniendo al mismo tiempo la distancia...

Lo que esos millones de personas anhelan se consigue mejor con la «mensajería», que elimina la simultaneidad y la continuidad del intercambio, por lo que no llega a convertirse en un diálogo auténtico y, por tanto, no desprovisto de riesgos. El contacto auditivo es un diálogo, pero, por suerte, libre del contacto visual, esa ilusión de cercanía que entraña todos los peligros de traicionar sin querer (mediante los gestos, la mímica, la mirada) lo que los interlocutores preferirían dejar fuera de la «relación». Esa forma reducida y «saneada» de relacionarse encaja bien con el resto: el mundo líquido de las identidades fluidas, el mundo en el que terminar enseguida, pasar a otra cosa y comenzar de nuevo es el nombre del juego, el mundo de los artículos que generan y blanden renovados y tentadores deseos para sofocar y olvidar los deseos de antaño.

La libertad de pasar a otra cosa es la recompensa, pero una opción que no podemos elegir es la de dejar de movernos. Como ya nos advirtió hace mucho tiempo Ralph Waldo Emerson, si patinas sobre una delgada capa de hielo, tu única salvación está en la velocidad.

Benedetto Vecchi: ¿Y cómo cambia la actitud hacia lo sagrado?

Zygmunt Bauman: Esta pregunta no tiene una respuesta sencilla. Para empezar, *lo sagrado* es un concepto demasiado vago y muy discutido, y es extraordinariamente difícil estar seguros de lo que estamos tratando, y aún más complejo llegar a un acuerdo al respecto. Muchos escritores afirman incluso que lo sagrado se limita a lo que sucede dentro de las iglesias y otros templos; algunos escritores sugieren que el lavado dominical del coche o la visita a un centro comercial con toda la familia es la encarnación de lo sagrado...

Pero, incluso si descartamos y olvidamos esas sugerencias extremas y bastante tontas (que son, a mi entender, manifestaciones de la «crisis de lo sagrado») y aceptamos que te refieres a fenómenos como los que Rudolph Otto intentó explicar con la idea de *lo tremendo* o Immanuel Kant con el concepto de *lo sublime*, la tarea no se simplifica gran cosa. Pero tal vez nos sirva de ayuda aclarar en qué consisten esos fenómenos.

Para intentar desentrañar el poder del hombre, Mijaíl Bajtín, uno de los más grandes filósofos rusos del siglo pasado, partió de la descripción del *miedo cósmico*: la sobrenatural e *inhumana* grandiosidad del universo produce una emoción demasiado *humana*. En su opinión, se trata del tipo de miedo que sirve de fundamento, prototipo e inspiración al poder generado por el hombre.[26] El *miedo cósmico* es, en palabras de Bajtín, el estremecimiento que se siente «ante lo inconmensurablemente grande y poderoso»: ante el cielo estrellado, ante la mole de una montaña, ante el mar y ante el temor a las conmociones cósmicas y a los desastres naturales. En el centro del miedo cósmico se encuentra la insignificancia del temeroso, lánguido y efímero ser humano ante la inmensidad del universo imperecedero; la simple debilidad, la incapacidad de resistencia, la *vulnerabilidad* del frágil cuerpo humano que la visión del «cielo estrellado» o de la «mole de las montañas» pone de manifiesto; pero también la constatación de que no está al alcance de los seres humanos captar, comprender y asimilar el asombroso poderío que se manifiesta en la extraordinaria grandiosidad del universo. Pascal describió esa sensación y su origen de forma impecable:

> Veo estos terribles espacios del universo que me envuelve, y me veo afectado a un rincón de esta vasta extensión, sin que

> sepa por qué estoy colocado en este lugar
> más bien que en otro, ni por qué este breve
> lapso que me ha sido dado para vivir me
> ha sido asignado más bien en este punto
> que en otro de la eternidad que me ha
> precedido y de toda la que me sigue.[27]

Ese universo escapa a todo entendimiento. Sus intenciones son desconocidas; sus «próximos pasos», imprevisibles. Si hay un plan preconcebido o alguna lógica en sus acciones, estas escapan ciertamente a la capacidad de comprensión humana (en cuanto a la capacidad de los seres humanos para imaginar una situación «anterior al universo», el *big bang* no parece más inteligible que la creación en seis días). Por eso, el miedo cósmico es también el horror a lo desconocido: el terror a la *incertidumbre.*

Es también un terror más profundo: el de la impotencia, del que la incertidumbre no es sino un factor coadyuvante. La impotencia salta a la vista en cuanto la irrisoria brevedad de la vida humana se compara con la *eternidad* —y la diminuta parcela que ocupa la humanidad, con la *infinitud—* del universo. *Se podría decir que lo sagrado es un reflejo de ese sentimiento de impotencia.* Lo sagrado es lo que trasciende nuestra capacidad de comprensión, comunicación y acción.

Bajtín sostiene que todos los sistemas religiosos recurren al miedo cósmico (una vez reciclado y vuelto a procesar). La imagen de Dios, soberano del universo y sus habitantes, está moldeada en la conocida sensación de miedo a la vulnerabilidad y en el estremecimiento que produce la impenetrable e irremediable incertidumbre.[28] Leszek Kołakowski afirma que la religión tiene su origen en el hecho de que los seres humanos no creen en sus propios recursos.

La mente moderna no era necesariamente atea. La guerra contra Dios, la frenética búsqueda de pruebas de que «Dios no existe», o de «su muerte», quedó en los márgenes radicales. Pero la mente moderna hizo que Dios resultase irrelevante para los asuntos humanos sobre la tierra. La ciencia moderna surgió cuando se empezó a usar un lenguaje que permitía describir el mundo en términos no teleológicos, es decir, sin hacer referencia al «propósito» o a la intención divina. «Si la mente de Dios es inescrutable, dejemos de perder el tiempo intentando leer lo ilegible y centrémonos en lo que podemos comprender y llevar a cabo». Esa estrategia dio espectaculares triunfos a la ciencia y a su brazo tecnológico. Pero también tuvo consecuencias de gran alcance, y no necesariamente beneficiosas, para la forma de estar el hombre en el mundo. La autoridad de lo sagrado, y más en general nuestra preocupación por la eternidad y los valores eternos, fueron sus primeras y más importantes víctimas.

La estrategia moderna consiste en trocear las grandes cuestiones que trascienden el poder humano en tareas más pequeñas que los seres humanos puedan manejar (por ejemplo, la sustitución de la inútil lucha contra la muerte por el eficaz tratamiento de muchas enfermedades evitables y curables). Las «grandes cuestiones» no se resuelven, sino que se posponen, se dejan a un lado, se borran de la lista de prioridades; no es que caigan en el olvido, sino que rara vez nos acordamos de ellas. La preocupación por el «ahora» no deja tiempo para reflexionar sobre lo eterno.

En un entorno fluido y en constante movimiento, la idea de eternidad, duración perpetua o valor duradero inmune al paso del tiempo no deja ningún poso en la experiencia humana.

La velocidad del cambio asesta un golpe mortal a la idea de *durabilidad*: lo *viejo* o lo *duradero* se convierte en sinónimo de *anticuado*, de pasado de moda, en algo que «ya no tiene utilidad» y quc, por tanto, está destinado a acabar pronto en el cubo de la basura.

Si la comparamos con la vida útil de los objetos que están al servicio de la vida humana y de las instituciones que la enmarcan, la existencia humana individual (física) parece tener la mayor esperanza de vida. De hecho, parece ser *el único* ente con una esperanza de vida creciente. Cada vez hay menos cosas —salvo aquellas que se han apartado del flujo de la vida cotidiana y se han momificado para el disfrute turístico del tiempo libre— que hayan visto tiempos anteriores a la aparición del ser humano; y aún menos de las que, habiendo aparecido en escena más tarde, se pueda decir que sobrevivirán a sus espectadores.

La idea de *retrasar de la gratificación* ya no

parece tan sensata como en la época de Max Weber. Las preocupaciones de Pascal han dado un giro inesperado: quien se interese hoy en día por la duración de las cosas debería preocuparse más por la prolongación de la vida física individual que por las «causas eternas». En la vanguardia del moderno ejército líquido, ya no comprendemos a los terroristas suicidas que sacrifican su vida terrenal, con todos los placeres que puede deparar, en nombre de una causa imperecedera o una dicha eterna. Dada su evidente fragilidad y fugacidad, todo lo que no sea la supervivencia individual parece una mala inversión. Su único sentido es la supervivencia del individuo. Es mejor saborear ahora la posible gratificación, en el momento, antes de que empiece a desvanecerse, como seguramente sucederá en breve.

Este es probablemente el mayor reto al que se ha enfrentado lo sagrado en su larga historia. No es que ahora nos consideremos autosuficientes y todopoderosos, y que ya no nos sintamos inexpertos, indefensos y sin recursos suficientes (no nos hemos librado de los sentimientos que Kołakowski identificó como la fuente del sentimiento religioso). Se trata más bien de que nos han enseñado a dejar de preocuparnos por cosas que siguen estando más allá de nuestra capacidad de comprensión (y que, por tanto, se extienden más allá de nuestra vida) y a centrar nuestra energía y atención en aquello que está realmente a nuestro alcance. Somos alumnos aplicados e inteligentes, y por eso queremos saber por qué las cosas merecen nuestra atención. Y la merecen cuando hay pruebas convincentes de su utilidad. Como el retraso de la gratificación ya no es una opción sensata, tanto la recompensa como la utilidad, así como la gratificación que los bienes prometen, deben ser también inmediatas. Las cosas deben estar listas para su consumo en el acto; los esfuerzos deben producir resultados antes de que prestemos atención a otras actividades; las relaciones deben dar fruto antes de que se nos quiten las ganas de cultivarlas. ¿Inmortalidad? ¿Eternidad? Pues bien, ¿dónde está el parque temático en el que pueda percibir las cosas de inmediato?

Hemos aterrizado en un país extranjero... Una tierra desconocida, inexplorada y sin cartografiar; no hemos estado aquí antes, nunca hemos oído hablar de ella. Todas las culturas que conocemos, en todas las épocas, intentaron tender un puente entre la brevedad de la vida y la eternidad del universo. Cada cultura tenía una fórmula para la gesta del alquimista: una transformación de las sustancias elementales, frágiles y transitorias en metales preciosos que fuesen resistentes a la erosión, que durasen para siempre. Tal vez seamos la primera generación que llega a la vida y la vive sin esa fórmula.

El cristianismo confirió a la estancia irrisoriamente breve en la tierra la tremenda importancia de ser la única oportunidad de determinar el valor de la existencia espiritual eterna. Para Baudelaire, la misión del artista consistía en quitarle al núcleo inmortal la fugacidad del instante. Desde Séneca hasta Durkheim, los sabios han seguido recordando a todo el que quisiera escucharlos que la verdadera felicidad (a diferencia de los placeres momentáneos y esquivos) solo podía alcanzarse asociándola con cosas que durasen más que la vida física de un ser humano. Para el lector contemporáneo medio, esas ideas son incomprensibles y parecen redundantes. Los puentes que unen la vida mortal con la eternidad, laboriosamente construidos a lo largo de milenios, han perdido su utilidad.

Nunca habíamos vivido en un mundo sin puentes. Es demasiado pronto para saber qué vamos a encontrar o en qué situación nos vamos a ver.

Benedetto Vecchi: El filósofo esloveno Slavoj Žižek ha escrito apasionadas páginas contra la denominada identidad occidental. Pero hemos de observar con amargura que, para explicar las actuales tensiones internacionales, se está recurriendo a la tesis del choque de civilizaciones. Parece que todos los significados que la palabra *identidad* lleva aparejados contribuyen a socavar las bases del pensamiento universalista, por mucho cuidado que se ponga en mantener ese delicado equilibrio entre los derechos individuales y los derechos colectivos. ¿No crees que se trata de una auténtica paradoja?

Zygmunt Bauman: Sí, la *identidad* es una idea completamente ambigua y una espada de doble filo. Puede ser un grito de guerra de los individuos o de las comunidades que desean estar en su imaginación. En un momento dado, el filo de la identidad se vuelve contra las «presiones colectivas» por parte de los individuos que detestan el conformismo y mantienen sus propias creencias (que «el grupo» tachará de prejuicios) y sus propias formas de vida (que «el grupo» calificará de «desviaciones» o «estupideces», pero, en cualquier caso, de anormalidades que hay que curar o castigar). En otro momento, es el grupo el que se vuelve contra un grupo más grande, al que acusa de querer devorarlo o destruirlo, de un pérfido intento de borrar el hecho diferencial de un grupo menor, de obligarlo o inducirlo a renunciar a su propio «yo colectivo», a perder la dignidad y disolverse... Pero, en ambos casos, la identidad parece el grito de guerra de una *contienda defensiva*: la de un individuo contra el ataque de un grupo, un grupo pequeño y débil (y por eso amenazado) contra una comunidad más grande y con más recursos (y por eso amenazante).

Pero el otro bando —más grande y más fuerte— también empuña la espada de la identidad.

Ese bando quiere quitarles importancia a las diferencias, quiere que su presencia sea aceptada como inevitable y duradera mientras insiste en que no son lo bastante importantes para impedir la lealtad a una totalidad que está dispuesta a aceptar y dar cabida a todas esas diferencias y a sus portadores.

En la época de la «construcción nacional», ambos bandos blandían la espada de la identidad: la empuñaban en defensa de lenguas, recuerdos, hábitos y costumbres locales, contra «los de la capital», que fomentaban la homogeneidad y exigían uniformidad, así como en la «cruzada cultural» de los partidarios de la unidad nacional que pretendían extirpar el provincianismo, la mentalidad pueblerina y el *campanilismo* de las comunidades o etnias locales. El propio patriotismo nacional desplegó sus tropas en dos frentes: contra el «particularismo local», en nombre de un destino nacional y unos intereses comunes, y contra el «cosmopolitismo sin raíces», que veía y trataba a los nacionalistas exactamente de la misma manera que los nacionalistas veían y trataban a los «palurdos miopes» por su lealtad a las idiosincrasias étnicas, lingüísticas o religiosas.

La *identidad*, digámoslo claramente, es un concepto muy polémico. Cada vez que oyes esa palabra, puedes estar seguro de que se está librando una batalla. El ámbito natural de la identidad es un campo de batalla. La identidad solo cobra vida en el fragor del combate; en cuanto cesa el ruido de las armas, la identidad calla y se adormece. El doble filo es, por tanto, inevitable. Tal vez se pueda *desear* que desaparezca (y eso es lo que hacen los filósofos que buscan la elegancia lógica), pero no se puede *obviar* y mucho menos *eliminar* en la práctica. La identidad es simultáneamente una lucha contra la disolución y la fragmentación; es un intento de devorarnos y al mismo tiempo una rotunda negativa a que nos devoren...

Al menos en su esencia pura y explícitamente reconocida, el liberalismo y el comunitarismo son dos intentos opuestos de transformar la espada de la identidad en un sable de un solo filo. Señalan los polos imaginarios de un *continuum* a lo largo del cual se libran todas las batallas por la identidad real y se construyen todas las prácticas identitarias. Cada uno de ellos aprovecha al máximo uno de los dos valores igualmente apreciados e indispensables para una existencia digna y plena: la *libertad* de elección y la *seguridad* que la pertenencia a un grupo garantiza. Y cada uno lo consigue, explícita o implícitamente, dando más importancia a uno de los dos valores que al otro. Pero las «verdaderas batallas identitarias» y las «verdaderas prácticas identitarias» no se acercan siquiera a la pureza de las teorías y las plataformas políticas. Son y solo pueden ser conglomerados de las exigencias «liberales» de libertad para definirse y afirmarse, por un lado, y de los llamamientos «comunitarios» a una «totalidad mayor que la suma de sus partes», así como a su prioridad sobre los impulsos perturbadores de cada parte, por el otro.

Los dos postulados no casan. Su simultaneidad parece «tener sentido» cuando se enuncian en los términos concretos de conflictos específicos (ya sean auténticos o supuestos) —tienes que renunciar a tus intereses personales en aras de la solidaridad que tu grupo necesita para oponer resistencia a un grupo más grande que intenta quitarte todo lo que aprecias y dañar tus intereses; unidos resistimos, divididos nos derrumbamos—, pero no cuando se enuncian en términos de principios universales que son y seguirán siendo incompatibles. En la práctica de las guerras de identidad, tanto los principios comunitarios como los liberales desfilan lado a lado en el campo de batalla. Sin embargo, afectados por la confusión del combate y sometidos al juicio de la razón fría, inmediatamente renuevan su oposición. La vida es más rica y menos elegante que cualquiera de los principios que pretenden guiarla...

Pero esto no quiere decir que los filósofos vayan a cejar en su empeño de enderezar lo torcido y reconciliar lo incompatible (un ejemplo reciente es el de Will Kymlicka, que intentó exponer el caso lejos de la confusión del campo de batalla, pero no para llevarlo a un armisticio temporal, sino mostrando la afinidad esencial y la alianza permanente entre los benévolos principios liberales y las duras exigencias comunitarias. Resulta tentador tomar su razonamiento *ad absurdum* y sugerir que lo que propone Kymlicka es, en definitiva, que el deber de aceptar la presión del grupo y ceder a sus exigencias es parte indispensable de los «derechos individuales» que defienden los liberales. Los esfuerzos de los filósofos por erradicar la contradicción de la existencia, por muy ingeniosos y elegantes que fuesen, difícilmente podrían influir en las actuales guerras de identidad (aparte de dar la absolución y echar una bendición). Sin embargo, pueden ejercer una influencia bastante negativa sobre nuestra claridad de visión y nuestra comprensión de lo que vemos. Se acercan peligrosamente a la neolengua de George Orwell.

Supongo que todas estas consideraciones confirman tu sospecha de que «los diferentes significados de la palabra *identidad* socavan las bases del pensamiento universalista». Las batallas identitarias no pueden desempeñar su función de identificación sin dividir tanto o más de lo que unen. Sus intenciones inclusivas se mezclan (o más bien se complementan) con el propósito de eximir, excluir y segregar.

Solo hay una excepción a esa regla —la kantiana *allgemeine Vereinigung der Menschheit*, la identidad verdadera y absolutamente inclusiva de la raza humana—, que, en opinión de Kant, era exactamente lo que la naturaleza, habiéndonos puesto en un planeta esférico, debió de haber querido que fuese nuestro futuro común. Sin embargo, en la práctica, la *humanidad* es solo una de las innumerables identidades que actualmente libran una guerra de desgaste mutuo. Con independencia de la verdad o falsedad de la suposición kantiana de que la unidad de la raza humana ha sido diseñada de antemano como resultado de esa guerra, la humanidad no parece disponer de ninguna ventaja armamentística o estratégica en comparación con otros combatientes que son más pequeños, pero aparentemente más versátiles e ingeniosos. Al igual que otras supuestas identidades, el ideal de *humanidad* como identidad que engloba todas las demás solo puede basarse, en definitiva, en la entrega de sus supuestos partidarios.

Al lado de sus competidores menos inclusivos, la humanidad parece hasta ahora más débil y discapacitada, en vez de parecer más fuerte y privilegiada. A diferencia de muchas identidades competidoras, carece de mecanismos coercitivos —instituciones políticas, códigos legales, tribunales de justicia, policía— para proporcionar coraje a los mansos, determinación a los indecisos y solidez a los logros de las misiones proselitistas. Como ya hemos visto, el «espacio de flujos» planetario es una «zona en la que no están presentes ni la política ni la ética». Todos los fondeaderos disponibles para la política, el derecho y los principios éticos se encuentran hasta ahora bajo la administración de identidades menos inclusivas, parciales y divisorias.

Por mucho que dejemos volar la imaginación, la lucha de la humanidad por la autoafirmación no parece cosa fácil, y mucho menos una conclusión anticipada. Su tarea no consiste solo en repetir una vez más una hazaña realizada muchas veces en la larga historia de la humanidad: sustituir una identidad más restringida por otra más inclusiva y hacer retroceder los límites de la exclusión. El ideal de *humanidad* no ha afrontado antes un reto similar porque una «comunidad que incluya a todos» no ha estado nunca en la lista de prioridades. A este reto ha de enfrentarse ahora una especie humana fragmentada y profundamente dividida, cuyas únicas armas son el entusiasmo y la dedicación de sus militantes.

Benedetto Vecchi: No obstante, hay una nación que ha intentado institucionalizar la presencia conjunta de identidades colectivas, aunque específicas, y, al hacer eso, ha estado a punto de reducir el carácter universalista del derecho moderno a solo unas cuantas normas. Me refiero, por supuesto, a Estados Unidos. Pero, incluso en este caso, hay que tener en cuenta que el cuestionamiento de un marco institucional inestable, basado en el reconocimiento de identidades parciales, se ha llevado a cabo en nombre de identidades ancestrales. ¿Qué es lo que salió mal en ese crisol de razas?

Zygmunt Bauman: De nuevo tus observaciones dan en el clavo. Las dos cosas van unidas: la escasa consistencia del conjunto de creencias, símbolos y normas que vinculan a todos los miembros de la clase política, y la riqueza, densidad y diversidad de las señas de identidad alternativas (étnicas, históricas, religiosas, sexuales, lingüísticas, etcétera). Hay otros ejemplos similares al de Estados Unidos (aunque el «crisol» sea un invento y un sueño específicamente yanqui). La situación es bastante similar en otras «tierras de colonos» (Australia, Canadá), donde los inmigrantes no encontraron ninguna cultura dominante e indiscutible, con raíces históricas, que sirviera de modelo de adaptación y asimilación para todos los recién llegados y que les exigiera obediencia universal. Muchos inmigrantes eligieron su nuevo país con la esperanza de conservar, desarrollar y practicar sin trabas las costumbres religiosas o étnicas que en sus países de origen estaban siendo amenazadas. En Estados Unidos, Australia o Canadá lo único que se exigía a los recién llegados era jurar fidelidad a las leyes del país (algo así como el «patriotismo constitucional» de Habermas); por lo demás, se prometía (y se garantizaba) total libertad en todos aquellos asuntos sobre los que la Constitución no se pronunciaba.

Lo que se convirtió en una condición *sine*

qua non de la ciudadanía tenía demasiado poco peso para constituir una identidad fuerte, por lo que, en mayor medida que en otros lugares, la construcción de una identidad plena pasó a ser una tarea de «bricolaje casero». Y como tal se emprendió y se practicó. Estados Unidos es un país en el que no solo hay numerosas etnias y confesiones religiosas, sino también en el que se experimenta de manera generalizada, continua y obsesiva con todo tipo de «materias primas» que pueden utilizarse para forjar una identidad. Se han probado prácticamente todas (las que aún no se han probado se probarán), y el mercado de consumo se regocija abarrotando de señas de identidad —nuevas, originales y tentadoras, pues todavía no se han tanteado— los almacenes y las estanterías de las tiendas. Hay que señalar también otro fenómeno: la rápida disminución de la esperanza de vida de casi todas las identidades asumidas, y la gran velocidad a la que se renuevan. Las biografías individuales son con demasiada frecuencia historias de identidades desechadas...

Si juzgamos los resultados de todo eso basándonos en el ejemplo estadounidense, semejante respuesta a los problemas de identidad no ha dado muestras de ser una bendición. En un Estado político que se muestra programáticamente neutral e indiferente a la «industria artesanal» de las identidades, y que se abstiene de emitir un juicio sobre los valores relativos de las opciones culturales y de fomentar un modelo de convivencia, hay pocos valores comunes, si los hubiere, para mantener unida a la sociedad. El «estilo de vida americano» al que se refieren constantemente los políticos estadounidenses se reduce, en definitiva, a la ausencia de un «estilo de vida» común a todos, salvo por la aceptación, más o menos voluntaria, de dejar la elección de un «estilo de vida» a la iniciativa privada y a los recursos de los que disponen los ciudadanos. En lo que respecta a las preferencias y opciones culturales, es probable que el desarreglo y el antagonismo prevalezcan sobre la unidad; los conflictos proliferan y tienden a ser enconados y violentos. Esto supone una amenaza constante para la integración social, y también para la sensación de seguridad individual y de confianza en uno mismo, que, a su vez, crea un continuo estado de ansiedad. Como proyecto individual llevado a cabo con pocos (y siempre cambiantes) puntos de referencia, la tarea de componer la propia identidad, de hacerla coherente y presentarla en público para su aprobación, requiere una atención ininterrumpida, una vigilancia constante, un enorme y creciente volumen de recursos y un esfuerzo sin tregua. El resultado es una ansiedad aguda que busca salidas: hay que evacuar la cantidad sobrante. De ahí la tendencia a buscar otras formas de «consolidar la unidad»: enemigos comunes sobre los que descargar la ira acumulada, el pánico irracional y los ataques de paranoia colectiva. Hay una demanda constante de enemigos públicos («comunistas debajo de la cama», la «clase inferior» o, simplemente, «aquellos que nos odian» o «que odian nuestra forma de vida») contra los que los individuos —dispersos, celosos de su intimidad y mutuamente suspicaces— pueden unirse para guardar todos los días los orwellianos «cinco minutos de odio». El patriotismo en su forma «constitucional» puede convertirse, al parecer, en un asunto violento, lleno de ruido y furia. La fidelidad a las leyes del país pide a gritos un suplemento de odios y temores compartidos.

Benedetto Vecchi: Para seguir hablando sobre el crisol de razas, me gustaría proponerte un tema que implica respuestas ambivalentes. Me refiero a las críticas de algunas académicas y filósofas feministas contra el concepto de *identidad*. Incluso en este caso podríamos decir, parafraseando a Jean-Paul Sartre, que nacer mujer no basta para hacerse mujer. Me parece que esto está presente en algunas aportaciones recientes de la teoría feminista; es decir, el hecho de que la identidad no se vea como una situación inmutable, sino más bien como algo que está en marcha, como un proceso. Es una buena forma de salir de la jaula de la identidad, ¿no te parece?

Zygmunt Bauman: La naturaleza provisional de todas y cada una de las identidades, y de todas y cada una de las elecciones que se hagan entre la infinita diversidad de modelos culturales que se nos ofrecen, no es un descubrimiento de las feministas y mucho menos una invención suya.

La idea de que nada en la condición humana viene dado de una vez por todas y que se nos impone sin derecho de apelación o reforma —que todo lo que es hay que «hacerlo» primero y, una vez hecho, podemos modificarlo sin cesar— acompañó a la era moderna desde sus inicios; de hecho, el cambio obsesivo y compulsivo (llamado indistintamente *modernización*, *progreso*, *mejora*, *desarrollo*, *actualización*) es el núcleo del moderno modo de ser. Dejas de ser «moderno» en cuanto dejas de «modernizarte», en cuanto bajas los brazos y dejas de experimentar con lo que eres y con lo que es el mundo que te rodea.

La historia moderna era (y sigue siendo) un esfuerzo continuo para ensanchar los límites de lo que las personas pueden cambiar a su antojo y «mejorar», a fin de que se adapte a sus deseos y necesidades. Era también una búsqueda incesante de herramientas y conocimientos que permitieran suprimir los límites remotos. Hemos llegado incluso a albergar la esperanza de manipular la composición genética de las personas, que hasta hace poco era el ejemplo perfecto de inmutabilidad, de la «naturaleza» a la que los seres humanos debemos obedecer. Sería realmente extraño que incluso los aspectos más tozudos de la identidad, como el tamaño y la forma del cuerpo, o su sexo, siguieran siendo durante mucho tiempo una excepción a esa moderna tendencia generalizadora.

Hubo que esperar algunos siglos para elevar a la categoría de credo universal los sueños de Pico della Mirandola (que los seres humanos fuesen como el legendario Proteo, capaz de cambiar de forma a cada instante y de sacar lo que le apeteciera del pozo sin fondo de las posibilidades). La mayoría de la gente piensa que la capacidad de cambiar cualquier aspecto o peculiaridad de la identidad individual es perfectamente posible hoy en día, o al menos la ve como una perspectiva realista en un futuro próximo.

Elegir los medios necesarios para conseguir una identidad alternativa ya no es un problema (si tienes dinero suficiente, claro está, para comprar la parafernalia correspondiente). Seguro que en las *boutiques* hay ropa de sobra para transformarte, en un abrir y cerrar de ojos, en el personaje que quieres ser, que quieres que vean que eres y que quieres que reconozcan que eres. Por poner solo un ejemplo muy reciente: tras la entrada en vigor de las «tasas de congestión» para los conductores de coches en el centro de Londres, desplazarse en escúter se ha convertido de inmediato en algo obligatorio para los londinenses obsesionados con ir a la última (aunque, obviamente, no por mucho tiempo...). No es solo el *scooter* lo que se ha convertido en una «necesidad», sino también todos los complementos indispensables para quien desee lucir en público su nueva «identidad de motero»: una cazadora de cuero de Dolce & Gabbana, unas Adidas rojas de caña alta, un casco plateado de Gucci, unas gafas envolventes de color amarillo...

Por otra parte, el verdadero problema y la preocupación más habitual en la actualidad es el dilema contrario: cuál de las identidades alternativas elegir y cuánto tiempo mantenerla una vez hecha la elección. Si en el pasado el «arte de la vida» consistía sobre todo en encontrar los medios adecuados para un fin determinado, ahora se trata de probar, uno tras otro, todos los (innumerables) fines que podamos alcanzar con los medios de los que ya disponemos o que están a nuestro alcance. La construcción de la identidad ha adoptado la forma de una experimentación imparable. Los experimentos no terminan nunca. Pruebas una identidad a la vez, pero otras tantas, aún por probar, te esperan a la vuelta de la esquina para que las recojas. Todavía puedes inventar y codiciar muchas más identidades inimaginables a lo largo de tu vida. Nunca sabrás a ciencia cierta si la identidad de la que haces ostentación en la actualidad es la mejor que puedes conseguir y la que más satisfacciones te dará.

Tu equipamiento sexual es uno de esos recursos que tienes a tu disposición y que, como todos los demás, puede usarse para todo tipo de propósitos y ponerse al servicio de toda una serie de objetivos. El reto, al parecer, consiste en ampliar al máximo la capacidad de generar placer con que cuenta ese «equipamiento natural», probando uno a uno todos los tipos conocidos de «identidad sexual», y quizá inventando alguno más sobre la marcha.

Benedetto Vecchi: Uno de los fenómenos más inquietantes que hemos presenciado es el fundamentalismo religioso. Más allá de las controversias teológicas que han acompañado la difusión de estos movimientos, su carácter esencialmente político me parece más que evidente, ya sea en la India, en el mundo árabe o en el ámbito de la «mayoría moral» de Estados Unidos. Este fenómeno ha llegado incluso a las fronteras del Estado de Israel. ¿Qué opinas tú del fundamentalismo religioso?

Zygmunt Bauman: Las tres religiones mayoritarias —el cristianismo, el islam y el judaísmo— tienen sus propios fundamentalismos. Y podemos suponer que el fundamentalismo religioso contemporáneo es un efecto combinado de dos evoluciones en parte relacionadas, en parte independientes.

Una de ellas es la erosión, cada vez más amenazadora, del «núcleo duro», el sólido canon que mantenía unida a la congregación de los fieles. Ese canon está cada día más deshilachado y se le rompen incluso las costuras. Las sectas, que las iglesias consideran como la mayor amenaza para su unidad, se multiplican; y las iglesias se ven obligadas a actuar como fortalezas asediadas o en una «contrarreforma permanente». Hay que defender con uñas y dientes el canon de la fe y reafirmarlo todos los días, pues las distracciones son suicidas y por eso la vigilancia está a la orden del día y es necesario detectar a tiempo a la «quinta columna» (todo lo que parezca tibio y displicente dentro de la congregación) y arrancarla dc cuajo.

Otra evolución tiene tal vez las mismas raíces (es decir, la nueva forma líquida que ha adoptado nuestra vida moderna), pero afecta principalmente a los recolectores involuntarios o compulsivos en que todos nos hemos convertido en este entorno social desregulado, fragmentado, inconcreto, indeterminado, imprevisible, desarticulado y en gran medida incontrolable. Ya he observado en varias ocasiones que, a pesar de sus codiciadas ventajas, las condiciones de vida de un recolector por necesidad son también una experiencia desconcertante. La vida del recolector es una vida insegura. Le falta seguridad y confianza en sí mismo. El fundamentalismo (también el religioso) llena ese vacío. Al invalidar de antemano todas las propuestas de la competencia y rechazar el diálogo con los disidentes y los «herejes», infunde una sensación de certeza y disipa cualquier duda con respecto al sencillo código de conducta que utiliza. Ofrece la agradable impresión de seguridad que se tiene y se saborea dentro de los altos e impenetrables muros que nos aíslan del caos reinante en el exterior.

Algunas iglesias fundamentalistas resultan especialmente atractivas para la parte desfavorecida y empobrecida de la población, los despojados de la dignidad humana y los humillados, personas que poco más pueden hacer que observar con una mezcla de envidia y resentimiento el jolgorio consumista y las maneras desenfadadas de los más pudientes (los musulmanes negros de Estados Unidos y los inmigrantes sefardíes que se reúnen en la sinagoga oriental de un Israel gobernado por askenazíes son ejemplos impresionantes, pero en modo alguno únicos). Para esas personas, las congregaciones fundamentalistas son un refugio gratísimo y tentador que no encuentran en ningún otro lugar. Estas congregaciones retoman las tareas y obligaciones que el tambaleante Estado social ha ido abandonando. También ofrecen el ingrediente más necesario para llevar una vida digna y que la sociedad en general les ha negado: la sensación de tener una finalidad, de dar sentido a la vida (o a la muerte), de poseer un cobijo digno y legítimo en el esquema general de las cosas. También prometen defender a sus fieles contra las «identidades» forzadas, estereotipadas y estigmatizadoras que les imponen las fuerzas que gobiernan el hostil e inhóspito «mundo exterior», o incluso prometen dirigir las acusaciones contra los acusadores, proclamando que «lo negro es bello» y transformando, por tanto, las supuestas pérdidas en beneficios.

El fundamentalismo (incluyendo el fundamentalismo teológico) no es solo un fenómeno religioso. Se nutre de muchas fuentes. Para comprenderlo bien hay que considerarlo en el contexto de la nueva desigualdad global y de la vergonzosa injusticia que reina en el espacio global.

Benedetto Vecchi: Durante los últimos años hemos asistido al crecimiento de un movimiento social muy diferenciado que está en contra de la globalización neoliberal. Un movimiento que a menudo habla las lenguas de las identidades locales, amenazadas por el desarrollo económico. No obstante, tengo la sensación de que, en este mismo movimiento, parece haber una marcada ambivalencia. La identidad puede ser un camino hacia la emancipación, pero también puede ser una forma de opresión. ¿Qué tienes que decir al respecto?

Zygmunt Bauman: Evidentemente, es demasiado pronto para emitir un juicio definitivo sobre la importancia histórica de los movimientos antiglobalización. Creo, por cierto, que esta palabra es engañosa. No se puede estar «en contra de la globalización», del mismo modo que no se puede estar en contra de los eclipses solares; el problema, y ahí reside la razón de ser de este movimiento, no consiste en cómo «deshacer» la unificación del planeta, sino en cómo domesticar y controlar los hasta ahora descabellados procesos de globalización, para que dejen de ser una amenaza y se conviertan en un elemento beneficioso para la humanidad.

Pero una cosa parece clara: «Piensa globalmente, actúa localmente» es un eslogan absurdo e incluso perjudicial. No hay soluciones locales para los problemas globales. Los problemas globales solo pueden resolverse, si acaso, mediante acciones globales. Intentar eludir los efectos perniciosos de la globalización desenfrenada retirándose a un barrio tranquilo y atrancando puertas y ventanas solo sirve para perpetuar las condiciones de anarquía del «lejano Oeste» y de la «frontera», las estrategias del tipo «atrápame si puedes», las desigualdades rampantes y la vulnerabilidad universal. Las destructivas fuerzas globales prosperan gracias a la división de la escena política y a la fragmentación de una estrategia potencialmente global en una serie de egoísmos locales, siempre enfrentados, que regatean por una cuota mayor de las migajas del festín que se dan los barones del atraco global. Todo el que defienda las «identidades locales» como antídoto contra las fechorías de los globalizadores les hace el juego y queda a su merced.

La globalización ha llegado a un punto en el que ya no puede dar marcha atrás. Todos dependemos unos de otros, y solo podemos elegir entre asegurar mutuamente la vulnerabilidad de los demás y asegurar mutuamente nuestra seguridad compartida. En resumidas cuentas: nadar juntos o hundirnos juntos. Creo que, por primera vez en la historia de la humanidad, el interés personal y los principios éticos de respeto y cuidado mutuos apuntan en la misma dirección y requieren la misma estrategia. Habiendo sido considerada una maldición, la globalización todavía puede convertirse en una bendición: la humanidad nunca ha tenido una oportunidad mejor. Pero que esto suceda, que aprovechemos la oportunidad antes de que se nos escape, sigue siendo una cuestión abierta. La respuesta depende de nosotros.

No estamos viviendo el fin de la historia, ni siquiera el principio del fin. Estamos en el umbral de otra gran transformación: como las fuerzas globales están desatadas y sus efectos son ciegos y dañinos, debemos ponerlas bajo el control democrático popular y obligarlas a respetar y observar los principios éticos de la convivencia humana y la justicia social. Es demasiado pronto para saber a qué formas políticas dará origen esa transformación: no es posible anticiparse a la historia. Sin embargo, de lo que sí podemos estar bastante seguros es de que esas formas políticas, para cumplir adecuadamente su función, tendrán que dar a nuestras identidades una dimensión planetaria: una dimensión humana.

Tarde o temprano tendremos que sacar conclusiones de nuestra irreversible dependencia mutua. Si no las sacamos, todos los privilegios de los que disfrutan los poderosos en condiciones de desorden global (oponiéndose por esa razón a cualquier intento de crear instituciones democráticas que supervisen las leyes y la justicia) los seguirán disfrutando a costa de la calidad de vida y la dignidad de millones de seres humanos, lo que aumentará todavía más la enorme inseguridad y fragilidad del mundo que todos habitamos.

Benedetto Vecchi: Uno de los medios, uno de

los instrumentos para jugar con la identidad es internet. De hecho, en la World Wide Web podemos comunicarnos creando identidades falsas. ¿No crees que la cuestión de la identidad, precisamente en el ciberespacio, se está desintegrando hasta convertirse en un simple pasatiempo?

Zygmunt Bauman: En nuestro mundo fluido, apostar por una sola identidad para toda la vida, o por mucho tiempo, es bastante arriesgado. Las identidades son para ponérselas y lucirlas, no para reunirlas y guardarlas. Eso ya se deduce de lo que hemos estado comentando. Pero si estas son las condiciones en las que todos tenemos que hacer nuestro trabajo diario, nos gusten o no, sería injusto echarles la culpa de la situación a los dispositivos electrónicos, a los grupos de chat o a las «redes» de telefonía móvil. Es más bien al revés: nos vemos obligados a moldear nuestras identidades sin cesar, no pudiendo ceñirnos a una sola identidad aunque queramos, y por eso los instrumentos electrónicos, cuya función es precisamente esa, son tan útiles y apasionan tanto a millones de personas.

Hablas de «identidades falsas», pero solo puedes decir eso si das por hecho que hay una sola «identidad verdadera». Sin embargo, esa suposición no les parece creíble a las personas que dependen de las modas cambiantes, que son solo *modas*, pero son *obligatorias* mientras sigan estando de moda... Así es como describió su estrategia vital Peer Gynt (el héroe de Ibsen), obsesionado con la búsqueda de su «verdadera identidad»: «Intenté que el tiempo se detuviera [...] ¡bailando!».

Todo aquel que se sienta desconcertado por el carácter esquivo de la identidad (es decir, todo el mundo) debería leer y reflexionar sobre *Peer Gynt*, la pieza teatral publicada en 1867. En ella se exploran y se prevén de manera profética todos los problemas actuales.

Lo que más temía Peer Gynt era «saber que nunca puedes liberarte» y «que estás atrapado» en una identidad «para el resto de tus días».[29] «Eso de no poder batirse en retirada [...]. Nunca lo consentiré». ¿Por qué lo aterraba esa perspectiva? Porque «quién sabe lo que hay a la vuelta de la esquina»; lo que ahora parece bello, agradable y digno puede resultar, al doblar la esquina, feo, inadecuado y ruin. Para evitar una situación tan desagradable, Peer Gynt optó por los «ataques preventivos». «El arte de asumir riesgos, de tener fortaleza de ánimo para actuar, se reduce a esto: a conservar la libertad de elección, saber que otros días llegarán, saber que a tus espaldas siempre hay un puente, si tienes que batirte en retirada». Para que esa estrategia diera fruto, Peer Gynt decidió (equivocadamente, como se sabe al final de la historia) «cortar los lazos que te unen por todas partes al hogar y a los amigos, hacer saltar en pedazos todos tus bienes terrenales, despedirte con cariño de los placeres del amor». Incluso ser soberano de un imperio es una empresa demasiado arriesgada, sujeta a demasiadas cargas y obligaciones. Gynt solo quería ser «el emperador de la experiencia humana». Siguió esa estrategia en todo momento, para luego preguntarse, al final de su larga vida —triste, confuso y desconcertado—, «¿dónde ha estado Peer Gynt todos estos años? ¿Dónde he estado yo, el hombre de verdad?». Solo Solveig, el gran amor de su juventud, que permaneció fiel cuando el amante decidió convertirse en el emperador de la experiencia humana, podía responder a esa pregunta. ¿Que dónde estaba? «En mi fe, en mi esperanza y en mi amor».

Hoy, al cabo de un siglo y medio, somos consumidores en una sociedad de consumo. La sociedad de consumo es la sociedad de mercado; todos estamos en el mercado y a la venta, pues somos al mismo tiempo clientes y mercancías. No es de extrañar que el uso/consumo de relaciones humanas y, por tanto, también nuestras identidades (nos identificamos tomando como punto de referencia a las personas con las que tenemos alguna relación) se parezcan cada vez más al uso/consumo de automóviles, imitando el ciclo que comienza con la compra y termina con la eliminación de residuos.

Un número cada vez mayor de observadores supone que en cierto modo los amigos y conocidos desempeñan un papel fundamental en esta sociedad completamente individualizada. Ante el rápido desmoronamiento de la cohesión social, las relaciones construidas a partir de la amistad podrían convertirse en nuestros chalecos o botes salvavidas. Ray Pahl, al señalar que en estos tiempos la amistad —«la relación social por excelencia»— es nuestra elección natural, dice también que es el «convoy social» de estos últimos años.[30] Pero la realidad no parece tan sencilla. En esta vida «tardomoderna» o líquida, las relaciones son una cuestión ambigua y tienden a constituir el centro de la ambivalencia más acentuada y desquiciante; el precio que todos hemos de pagar por la compañía que tanto deseamos es siempre una renuncia, al menos parcial, a la independencia, por mucho que queramos la primera sin la segunda...

La ambivalencia continua da lugar a la disonancia cognitiva, un estado de ánimo que resulta sin duda degradante, incapacitante y difícil de soportar. Eso incita, a su vez, a tirar del repertorio habitual de artificios paliativos, entre los cuales el más utilizado es el que consiste en rebajar, quitar importancia y menospreciar uno de los dos valores irreconciliables. Sometidas a presiones contradictorias, muchas relaciones, que de todos modos eran solo «hasta nuevo aviso», se romperán. La ruptura es una expectativa razonable: hay que pensar en ella de antemano y hay que estar preparados para afrontarla.

Cuando se calculan las elevadas probabilidades de que la relación genere mucha basura, la previsión y la prudencia aconsejan fijarse de antemano en el vertedero. Al fin y al cabo, los promotores inmobiliarios sensatos (al menos en Estados Unidos) no se arriesgarían a empezar a construir un edificio sin haber obtenido antes un permiso de demolición. Los generales están poco dispuestos a enviar a sus tropas al campo de batalla sin conocer bien el plan de retirada. Y los empresarios se quejan en todas partes de que los derechos de sus empleados, y lo difícil que resulta despedirlos, es lo que les impide prolongar la duración de los contratos.

Las relaciones que se crean al instante, se consumen a toda prisa y se tiran cuando uno quiere tienen desagradables efectos secundarios. El fantasma del basurero no anda nunca muy lejos. Al fin y al cabo, las prisas y los servicios de eliminación de residuos están a disposición de las dos partes. Puedes terminar en una situación como la que describió Oliver James: envenenado por «el sentimiento constante de que faltan otras personas en tu vida, por una sensación de vacío y soledad que se parece mucho al duelo».[31] Puedes tener siempre «el miedo de que tus amores y tus amigos te abandonen».

Lo que todos parecemos temer, tanto si sufrimos una «depresión dependiente» como si no, tanto si estamos a plena luz del día como si nos acosan las alucinaciones nocturnas, es el abandono, la exclusión, ser rechazados, apartados, repudiados, descartados, despojados de lo que somos, el que no se nos permita ser lo que queremos ser. Tememos quedarnos solos, indefensos y desamparados. Tememos que nos nieguen la compañía, el cariño, la ayuda. Tememos que nos lleven al desguace. Lo que más necesitamos es la certeza de que nada de eso sucederá..., a nosotros no. Necesitamos que nos eximan de la amenaza, universal y omnipresente, de la exención...

Los horrores de la exclusión brotan de dos fuentes, aunque pocas veces estamos seguros de su naturaleza, y nunca intentamos distinguir la una de la otra.

Hay flujos y reflujos aparentemente aleatorios, caprichosos y completamente imprevisibles de lo que, a falta de un nombre más preciso, llamamos *fuerzas de la globalización*. Estas cambian hasta volver irreconocibles los familiares paisajes urbanos y rurales donde solíamos echar las anclas de nuestra envidiable y esperanzadora seguridad. Desconciertan a las personas y hacen estragos en sus identidades sociales. Pueden convertirnos, de un día para otro, en vagabundos sin domicilio fijo ni identidad. Pueden quitarnos nuestros certificados de identidad o invalidar las identidades certificadas. Y nos recuerdan todos los días que pueden hacerlo con impunidad, como cuando dejan en nuestras puertas a esas personas que ya han sido rechazadas, obligadas a huir para salvar la vida o a marcharse de casa para ganarse el sustento, despojadas de sus identidades y su autoestima. Hoy en día no se habla de nada con más solemnidad ni entusiasmo que de «redes», de «conexión» o de «relaciones», solo porque «lo auténtico» —las redes tupidas, las conexiones fuertes y seguras, las relaciones maduras— prácticamente se ha desmoronado.

Necesitaba esta larga digresión para responder a tu pregunta: a fin de explicar que, si hablamos todo el tiempo de redes e intentamos invocarlas obsesivamente (o al menos a sus fantasmas) a través de las «citas rápidas» y de la magia de la «mensajería móvil», es porque echamos realmente de menos la seguridad que las verdaderas redes de parentesco, amistad y compañerismo nos proporcionaban de forma natural, con o sin nuestro esfuerzo. Las agendas de los teléfonos móviles representan a la comunidad que hemos perdido, y por eso confiamos en que sustituyan la intimidad que añoramos. Tenemos la esperanza de que lleven un cargamento de expectativas que ni siquiera tienen fuerza para levantar, y mucho menos para sostener.

Andy Hargreaves, permíteme citarlo otra vez, habla de «series episódicas de pequeñas interacciones» que sustituyen cada vez con más frecuencia a las «relaciones y conversaciones familiares».[32] Expuestos a los «contactos» que la tecnología tanto nos «facilita», perdemos la capacidad de relacionarnos de manera espontánea con personas reales. De hecho, nos da vergüenza conocer a la gente cara a cara. Tendemos a echar mano de los móviles y a encadenar mensajes para no hacernos rehenes del destino, para huir de las relaciones complejas, conflictivas, imprevisibles y difíciles de cortar, negándonos la posibilidad de relacionarnos con las «personas reales» que están físicamente presentes a nuestro alrededor. Cuanto más grandes (aunque superficiales) sean nuestras comunidades ficticias, más desalentadora nos parece la tarea de crear y conservar comunidades reales.

Como de costumbre, los mercados de consumo están más que dispuestos a ayudarnos a salir del apuro. Siguiendo el parecer de Stjepan Meštrović,[33] Hargreaves sugiere que «las emociones se extraen de este mundo acelerado e introvertido y se vuelven a invertir en bienes de consumo. La publicidad asocia los automóviles con la pasión y el deseo, y los teléfonos móviles, con la inspiración y la lujuria». Pero, por mucho que se esfuercen los mercaderes, el hambre que prometen saciar no se calmará. Puede que los seres humanos hayan sido transformados en bienes de consumo, pero no es posible convertir los bienes de consumo en seres humanos. No en la clase de seres humanos que inspiran nuestra búsqueda desesperada de raíces, de parentesco, de amistad y de amor; no en personas con las que podamos *identificarnos*.

Hay que reconocer que esos bienes de consumo sucedáneos tienen una ventaja sobre *lo auténtico*. Prometen librarnos del engorro de las negociaciones interminables y de los compromisos incómodos; aseguran que pondrán fin a la apremiante necesidad de abnegación, concesiones y compromisos a medias que todos los vínculos estrechos tarde o temprano requerirán. Vienen con la oferta de recuperar las pérdidas si todas esas tensiones resultan demasiado estresantes. Quienes los venden también garantizan una rápida sustitución de los bienes en cuanto ya no nos sirvan para nada, o cuando aparezcan otros nuevos, mejores y aún más atractivos. En suma, los bienes de consumo encarnan la absoluta ausencia de finalidad y la revocabilidad de las decisiones, así como la posibilidad de desechar los objetos elegidos. Y, lo que es más importante, parece que nos ceden el control. Somos nosotros, los consumidores, quienes trazamos la línea que separa lo útil de lo superfluo. Teniendo bienes de consumo por compañeros, podemos dejar de preocuparnos por que nadie acabe en el cubo de la basura. ¿O no?

Benedetto Vecchi: Desde mi punto de vista, la última pregunta sobre internet sugiere que se preste atención al papel de los nuevos medios de comunicación en la formación de la opinión pública y la identidad colectiva. ¿Qué pienso yo? Para mí, el libro debería explorar otras dos cuestiones: la identidad y los nuevos medios, por un lado, y la política de la identidad (la crisis del multiculturalismo), por otro.

Zygmunt Bauman: Ya hemos analizado antes el enrevesado asunto del multiculturalismo. Sugerí entonces que lo que a uno lo cura a otro lo mata. La proclamación de la «era multicultural» refleja, en mi opinión, la experiencia vital de la nueva élite global que, cuando viaja (y viaja mucho, ya sea en avión o por la red), encuentra a otros miembros de la misma élite global que hablan el mismo idioma y tienen los mismos intereses y preocupaciones. Dando conferencias por Europa y otros continentes, siempre me ha llamado la atención que las preguntas que me hace el público sean las mismas en todas partes...

Sin embargo, la proclamación de la era multicultural es, al mismo tiempo, una declaración de intenciones: de rechazo a emitir juicios o a tomar partido; una declaración de indiferencia, un lavarse las manos con respecto a las pequeñas disputas sobre los estilos de vida o los valores que prefieren los demás. Es una muestra de la nueva «voracidad cultural» de la élite global: tratemos el mundo como si fuese unos grandes almacenes con las estanterías repletas de las ofertas más variadas, y recorramos todas las plantas probando todos los artículos expuestos al público y echando mano de lo que se nos antoje.

Es la actitud propia de la gente que viaja, que viaja incluso sin moverse de casa o de la oficina. No es, sin embargo, una actitud fácil de adoptar para la mayoría de los habitantes del planeta, que se quedan en su lugar de nacimiento y que, si quisieran ir a otro sitio en busca de una vida mejor o simplemente diferente, los detendrían en la frontera más próxima, los confinarían en campos para «inmigrantes ilegales» o los devolverían a su país. Esa mayoría queda excluida del festín planetario. No hay para ellos ningún «bazar multicultural». A menudo se encuentran, como ha sugerido Maria Márkus, en un estado de «existencia suspendida»,[34] aferrándose a la imagen de un pasado perdido con cuya restauración sueñan, y a la imagen del presente como una aberración y como una obra de las fuerzas del mal. Hacen oídos sordos a la horrísona cacofonía de los mensajes culturales.

En ningún momento de los dos últimos siglos han sido tan diferentes los lenguajes que hablan, por un lado, la élite educada y rica, y, por el otro, el «pueblo llano». Tampoco han sido nunca tan diferentes las experiencias de las que se habla en esos lenguajes.

Desde el advenimiento del Estado moderno, la élite instruida se ha visto a sí misma (con razón o sin ella, para bien o para mal) como la avanzadilla, como la vanguardia de la nación: estamos aquí para guiar al resto del pueblo hacia donde nosotros ya hemos estado; otros nos seguirán, y es nuestro deber conseguir que avancen con rapidez. Ese sentido de misión colectiva se ha perdido casi por completo. El multiculturalismo es como un barniz que se le da a ese retroceso (o una excusa para retroceder). Es como si los que alaban y aplauden las divisiones multiculturales quisieran dar a entender: «Somos libres de convertirnos en lo que queramos, pero el "pueblo" debería quedarse donde nació y seguir siendo lo que es. Nos da igual: es su problema, no el nuestro».

Preguntas por el papel de los medios de comunicación en la creación de las identidades actuales. Yo diría que los medios suministran la materia prima que sus espectadores utilizan para abordar la ambivalencia de su ubicación social. La mayoría de los telespectadores son tristemente conscientes de que se les ha vedado la entrada a los festejos «policulturales» planetarios. No viven, ni pueden soñar con vivir, en el espacio extraterritorial en el que reside la élite cultural «cosmopolita». Los medios de comunicación proporcionan una «extraterritorialidad virtual», una «extraterritorialidad sucedánea», una «extraterritorialidad imaginaria» a una multitud de personas a las que se les niega el acceso a la real.

El efecto de la «extraterritorialidad virtual» se consigue sincronizando el desplazamiento de la atención y sus objetos a lo largo y ancho del planeta. Millones, cientos de millones de personas ven y admiran a las mismas estrellas del cine y la canción, pasan simultáneamente del *heavy metal* al rap, de los pantalones de campana al último grito en zapatillas deportivas, despotrican contra el mismo enemigo público (global), temen al mismo canalla (global) o aplauden al mismo salvador (global). Durante un tiempo, esto los eleva espiritualmente sobre el suelo del que no se les permite despegar físicamente.

La sincronización de los focos de atención y los temas de conversación no equivale, por supuesto, a una identidad común, pero los focos y los temas cambian con tanta rapidez que apenas hay tiempo para comprender esa verdad. Tienden a desaparecer de la vista y a caer en el olvido antes de que nadie los ponga en evidencia. Pero antes de desaparecer consiguen aliviar el dolor de la exclusión. Crean una ilusión de libertad de elección como la que imaginaba Peer Gynt, aunque vivir de esa ilusión fuese una tarea desalentadora y un camino cuesta arriba que generaba mucha frustración y daba pocas satisfacciones. Los momentos de felicidad estaban jalonados por largos periodos de tristeza y preocupación.

Si quieres que ate los numerosos hilos con los que empezamos a tejer esta conversación, pero que en muchos casos han quedado sueltos, diría que la ambivalencia que casi todos experimentamos la mayor parte del tiempo cuando intentamos responder a la pregunta de la identidad es auténtica. La confusión que crea en nuestra mente también es auténtica. No hay ninguna fórmula infalible para resolver todos los problemas que genera esa confusión, y no hay soluciones rápidas y sencillas para abordar todas estas cuestiones. Diría también que, a pesar de todo, tendremos que afrontar la tarea de la «autoidentificación» una y otra vez, y que hay pocas posibilidades de llevarla a cabo con éxito y dejarla terminada para siempre. Es probable que nos sintamos divididos entre el deseo de una identidad que nos encante y el temor a que, una vez encontrada esa identidad, nos demos cuenta, como Peer Gynt, de que no hay «ningún puente para batirse en retirada».

Y cuidado con tomar la decisión de no afrontar el reto. Recuerda las palabras de Stuart Hall:

> Puesto que la diversidad cultural es, cada día más, el destino del mundo moderno, y el absolutismo étnico un rasgo regresivo de la tardomodernidad, el mayor peligro al que nos enfrentamos ahora procede de las formas de identidad nacional y cultural —nuevas y viejas— que intentan afianzar su identidad adoptando modalidades cerradas de la cultura o la comunidad y negándose a implicarse [...] en los difíciles problemas que surgen al intentar vivir siendo diferentes.[35]

Intenta, en la medida de lo posible, evitar ese peligro.

Notas

1. Véase Siegfried Kracauer, *Ornament der Masse*, Suhrkamp, 1963 (trad. cast.: *La fotografía y otros ensayos: el ornamento de la masa*, Barcelona, Gedisa, 2008).
2. «Une généalogie de l'insécurité contemporaine», entrevista con Philippe Robert, *Esprit*, diciembre de 2002, págs. 35–58.
3. Giorgio Agamben, *Means without Ends*, University of Minnesota Press, 2000, pág. 21 (trad. cast.: *Medios sin fin*, Valencia, Pre-Textos, 2001).
4. Jorge Luis Borges, «Averroes search», en *Collected Fictions*, Penguin, 1998, pág. 241 (trad. cast.: «La busca de Averroes», *El Aleph*, Barcelona, Debolsillo, 2011).
5. Jonathan Matthew Schwartz, *Pieces of Mosaic*, Intervention Press, 1996, pág. 132.
6. Lars Dencik, «Transformation of identities in rapidly changing societies», en Mikael Carleheden y Michael Hviid Jacobsen (comps.), *The Transformation of Modernity: Aspects of the Past, Present and Future of an Era*, Ashgate, 2001, pág. 194.
7. Clifford Stoll, *Silicon Snakeoil*, Doubleday, 1995, pág. 58.
8. Charles Handy, *The Elephant and the Flea*, Hutchinson, 2001, pág. 204 (trad. cast.: *El elefante y la pulga: mirando atrás hacia el futuro*, Barcelona, Apóstrofe, 2002).
9. Andy Hargreaves, *Teaching in the Knowledge Society: Education in the Age of Insecurity*, Open University Press, 2003, pág. 25 (trad. cast.: *Enseñar en la sociedad del conocimiento*, Barcelona, Octaedro, 2003).
10. Citado por Hanna Mamzer, *Tożsamość w podroży*, Wydawnictwo Naukowe, 2002, pág. 13.

11. Monika Kostera, *Postmodernizm w zarządzaniu*, PWE, 1996, pág. 204.
12. Richard Sennett, «Flexibilité sur la ville», *Manière de Voir*, 66, noviembre-diciembre de 2002, págs. 59-62.
13. Peter Beilharz, «The logic of polarization: exclusion and exploitation» (ms.).
14. Richard Rorty, *Achieving our Country*, Harvard University Press, 1998, págs. 79 y 91 (trad. cast.: *Forjar nuestro país*, Barcelona, Paidós, 1999).
15. Richard Rorty, *Philosophy and Social Hope*, Penguin Books, 1999, pág. 203.
16. Hauke Brunkhorst, «Global society as the crisis of democracy», en Carleheden y Jacobsen (comps.), *The Transformation of Modernity*, *op. cit.*, pág. 233.
17. Alain Peyrefitte, *La société de confiance*, Odile Jacob, 1998, págs. 515 y ss. (trad. cast.: *La sociedad de confianza*, Barcelona, Andrés Bello, 1996).
18. Robert Musil, *Diaries: 1899-1941*, Basic Books, 1998, pág. 52 (trad. cast.: *Diarios*, Barcelona, Debolsillo, 2009).
19. Beata Frydryczak, *Świat jako kolekcja*, Humaniora, 2002, págs. 52-55.
20. Tom Nairn, «Demonizing nationalism», *London Review of Books*, 23 de febrero de 1993.
21. René Girard, *Le bouc émissaire* (1982), citado aquí a partir de la traducción de Yvonne Freccero, *The Scapegoat*, Johns Hopkins University Press, 1986, págs. 14, 16 y 21 (trad. cast.: *El chivo expiatorio*, Barcelona, Anagrama, 1986).
22. Geneviève Zubrzycki, «The classical opposition between civic and ethnic models of nationhood: Ideology, empirical reality and social scientific analysis», *Polish Sociological Review*, 3, 2002, págs. 275-295.
23. Erich Fromm, *The Art of Loving*, Thorson, 1995, pág. vii (trad. cast.: *El arte de amar*, Barcelona, Paidós, 2020).
24. *Observer Magazine*, 15 de diciembre de 2002, pág. 43.
25. Barbara Ellen, «Breaking up may be hard, but there is no harm in men learning the etiquette», *Observer Magazine*, 5 de enero de 2003, pág. 7.
26. Véase Mijaíl Bajtín, *Rabelais and his World*, MIT Press, 1968 (traducción del texto ruso de 1965). Véase también el excelente resumen de Ken Hirschkop en «Fear and democracy: An essay on Bakhtin's theory of carnival», *Associations*, 1, 1997, págs. 209-234.
27. Blaise Pascal, *Pensées*, Penguin, 1966, pág. 48 (trad. cast.: *Pensamientos*, Madrid, Alianza, 2015).
28. Permítaseme señalar, sin profundizar en la cuestión, que la vulnerabilidad —la incertidumbre y la impotencia— es también la cualidad de la condición humana a partir de la

cual se forja el *miedo oficial*: el miedo al poder *humano*, al poder creado y administrado por el hombre. Ese miedo oficial es un reflejo (o, más bien, una emanación) del poder inhumano del «miedo cósmico». Los poderes terrenales deben estar hechos a imagen y semejanza de Dios para que se les contagie parte de su impresionante capacidad de inspirar miedo. Intentan convertirse en fuente de incertidumbre e incomprensión (la *glásnost*, tal como la concebía Gorbachov, presagiaba no solo el final de la dictadura comunista); obtienen su fuerza y autoridad de la vulnerabilidad de sus súbditos.

29. Henrik Ibsen, *Peer Gynt*, Oxford University Press, 1970 (trad. cast.: *Peer Gynt*, Orbis, 1987).
30. Ray Pahl, *On Friendship*, Polity, 2000 (trad. cast.: *Sobre la amistad*, Madrid, Siglo XXI de España, 2003).
31. Véase Oliver James, «Constant craving», *Observer Magazine*, 19 de enero de 2003, pág. 71.
32. Hargreaves, *Teaching in the Knowledge Society*, *op. cit.*, p. 25.
33. Stjepan Meštrović, *Postemotional Society*, Sage, 1997.
34. Maria R. Márkus, «Cultural pluralism and the subversion of the "taken for granted" world», en Philomena Essed y David Theo Goldberg (comps.), *Race Critical Theories*, Blackwell, 2002, pág. 401.
35. Stuart Hall, «Culture, community, nation», *Cultural Studies*, 3, 1993, págs. 349-363.

Índice onomástico y de materias

A

B

C

D

E

F

G

H

I

J

S

T

W

Z

Impreso en España